ハリウッド映画と英語の変化

開拓社
言語・文化選書

102

ハリウッド映画と英語の変化

山口美知代 著

開拓社

は し が き

　本書ではハリウッド映画で使われる英語がどのように変化してきたかを，代表的な映画を取り上げながら，英語の変化に影響を与えた要因とともに考察する。本書で扱う「ハリウッド映画」はハリウッドの製作会社で作られた映画であるが，「ハリウッド」をアメリカ映画産業という意味で用いて，アメリカで製作された映画を広く指して用いることもある。

　本書は大学での英語学入門的な基礎知識を前提として映画の英語について述べているが，そうした知識がなくても概要がわかるように著している。本書の読者として想定しているのは，第一義的にはハリウッド映画の英語の変化に関心を持つ人であるが，その他に，(1) 個別のアメリカ映画の英語の特徴を，他の映画との関連において，また映画の歴史の流れのなかで理解したいと考える人，および，(2) 英語学習・英語教育の教材としてアメリカ映画を選ぶ際にその映画の英語の特徴を映画史との関連において理解したいと考える人も想定している。

　(1) について述べると，筆者は勤務する大学でレポート・論文の指導を行っているが，語法・文法，語用論的な論考や英語の変種に関する論考で映画から採例する際に，映画の英語の特徴について，映画史に言及しながら解説した日本語の書物があまりないことを感じてきた。個別の映画について英語を解説した書籍は多い。映画の台詞と日本語訳および語彙や語法についての細かな注釈がついた本や，各種雑誌やムックなども刊行されている。た

だ，ハリウッド映画の歴史全体を俯瞰したうえでそこに使われている英語の特徴を概観したものとなると日本語ではほとんど書かれていないようである。

　(2)の英語学習・英語教育の教材として映画を選ぶ際についてであるが，英語を教えていると「英語の映画を字幕なしで見られるようになりたい」という声を学習者から聞くことがある。筆者自身もそのように願っていた。そして現在ではどうかと問われると，字幕なしでほぼすべてわかる映画もあれば，そうでない映画もあると答えざるを得ない。映画の英語が字幕なしでわかるか？というときに，理解度を左右する要因は何であろう。台詞やプロットの内容自体の難しさ，語彙・表現の難しさ，台詞のスピード，発音の癖・特徴（いわゆる「訛り」，または英語でいう accent）などが主要因としてあげられるだろう。これらの要因は，それぞれの映画が作られた時代，映画史的背景を反映している部分も大きい。

　本書ではこのように映画の英語に影響を与えてきた要素について，映画史的背景を考えながら，具体例と共に考察していきたい。

目　　次

第1章　概　説

1.1.　本書の目的

　本書ではハリウッド映画で使われる英語がどのように変化してきたかを，代表的な映画を取り上げながら，英語の変化に影響を与えた要因とともに考察する。

　本書で扱うのは，発声映画（トーキー，talkie）が誕生した1926年以降の映画である。1920年代から2000年代は現代英語期にあたり，この時期の英語の変化はそれに先立つ時代の変化に比べると小さい。文法レベルでの英語の変化はほとんど起きておらず，文法的変化というよりも文体的変化が主である（川端（2018: 211））。映画の英語の変化についても，文体的変化が主となる。

　本論を通して筆者が述べたいのは，小説の英語，演劇の英語が時代を経て変化してきたように，映画の英語も時を経るなかで変化してきたということ，また，その変化は各作品の製作に関わった人々，プロデューサー，監督，脚本家，俳優がもたらしただけではなく，映画産業全体の変化の一部だということである。そこ

には技術的な要因，社会的な要因，文化的な要因が関わって大きな流れを作っている。無数の映画が製作されるなかで，すべてを網羅した「映画の英語の歴史」を書くことは不可能であるが，一方で，「ハリウッド映画の歴史」を書くことが可能なように―そして実際書かれているように―「ハリウッド映画の英語の歴史」も書くことが可能だと筆者は考える。本書はその試みのひとつである。

1.2. 映画の英語の変化

　本書で扱うのはトーキー登場以降であるが，それ以前の映画の歴史について極簡単に見ておこう。19世紀末，動く映像装置としての映画が欧米諸国で開発された。アメリカではトマス・エジソン（Thomas Edison）が映写機キネトスコープと撮影機キネトグラフを研究所で発明し，1891年に特許を取った。フランスでは1895年にリュミエール兄弟が，撮影・映写機能を備えたシネマトグラフを発明し上映した。シネマトグラフの発明が映画の誕生と言われるのは，キネトスコープが覗き穴を通して一人ずつ見る装置だったのに対して，シネマトグラフはスクリーンに映写する装置だったからである。この後，エジソン社もスクリーン式のヴァイタスコープに移行する。

　アメリカ西部ハリウッドでの最初の映画撮影は1907年で，製作会社が多数移ってきたのは1910年代初めであった。ハリウッドで映画製作が盛んになったのは，晴天が多く野外撮影に好都合であったこと，広大な土地が使用できること，移民労働者を安価に雇用できたことなどの理由がある。また，東海岸のニューヨー

クに研究所を構えていたエジソンは自社が特許取得した技術を無断使用する映画製作者を訴えていたので，それを逃れようとした人々が遠く離れた西海岸のハリウッドで映画製作を行うようになったとも言われる。

　映画はサイレントの時代から，労働者階級や移民たちに安価な娯楽を提供していた。それが徐々に中産階級にも好まれる娯楽に変容していく。劇場はニッケルオデオンと呼ばれる安普請の常設映画館の流行（1905 年から 1913 年頃）を経て，1915 年頃からはピクチュアパレス（映画宮殿）と呼ばれる豪華な巨大常設映画館が流行した。料金的にも内容的にも，中産階級向けの娯楽にもなっていった（加藤（2006: 106））。

　映画に音声が登場したときに，トーキーにふさわしい英語として，ニューヨークのブロードウェイを中心とする演劇の舞台から発声方法，台詞回しを借りてくるという考え方が出たのも，映画産業界が中産階級の娯楽となることを意識していたからである。映画が労働者階級の娯楽であることと対照的に，演劇は中産階級の娯楽だったからだ。演劇の舞台で使われる明瞭な発声法や発音の影響を強く受けた芝居がかったフォーマルな英語が初期のトーキーの映画のモデルと見なされた。

　映画の内容や表現，言語についての規制も，映画が中産階級的な価値観に基づいた規制をかわすために，映画産業界が導入したものであった。1922 年に映画製作者配給者協会（MPPDA）が設立され，映画製作会社が自主規制を始めた。1930 年に制定したプロダクション・コードに準拠しているかどうかで公開可否を定めるようになり，プロダクション・コード遵守は 1934 年には強制力を持つようになった。

その後，映画が国民的娯楽の座をテレビに奪われていった
1950年代，プロダクション・コードによる自己検閲の仕組みは
有名無実化した。テレビに観客を奪われた映画産業界はより魅力
的で観客を惹きつける作品を作るために，1968年，プロダク
ション・コードを廃止した。自主規制の仕組みを，作品自体への
変更を求める制度（プロダクション・コードの適用により上映可
否を決定する仕組み）から，各作品が公開対象とする観客の年齢
を制限するレーティング・システムへと変更したのである。その
結果，映画の英語の語彙は格段に自由になり，俗語，卑語の使用
が増えることになった。

　プロダクション・コードもレーティング・システムも，公権力
による公的検閲を避けるために映画製作会社が業界内で自主的に
生み出した仕組みであった。その規定範囲は，道徳的な内容，暴
力，性愛，宗教，差別などのタブー事項の扱い方など多岐に及ん
だ。使われる英語の語彙はタブー事項の具体的な表れ方として管
理された。使用不可な語彙の一部はリストアップされた。

1.3. 先行研究

　前節で述べた，ハリウッド映画の英語の変化について概説的に
論じた先行研究を紹介しておこう。たとえば，Kozloff（2000）
の『映画の台詞を立ち聞きする』（*Overhearing Film Dialogue*）
はハリウッド映画史を俯瞰しながら映画の台詞について論じた研
究書である。Kozloff は台詞研究が映画研究のなかでは扱われる
ことの少ないテーマだと繰り返し述べている。Kozloff は映画史
を踏まえて映画の台詞の通時的変化にかなりの理解を示しつつ

も，台詞の英語の多様性を決定づけるのは各ジャンルの特性であるという立場に立っている。

このほかに，特定のテーマに特化した先行研究を挙げる。Lukas Bleichenbacher（2008）の『映画における多言語使用—ハリウッド映画の登場人物と言語選択』（*Multilingualism in Films: Hollywood Characters and Their Language Choices*）はハリウッド映画の台詞の多言語使用状況について 28 本の映画を取り上げて論じている。Robin Queen（2015）の『民の声—メディアにおける言語の驚威的な生命』（*Vox Popular: The Surprising Life of Language in the Media*）は映画だけでなくテレビなども踏まえた研究である。社会言語学的な論考にも示唆な論考は多い。Rosina Lippi-Green（2012）の『訛りのある英語—合衆国における言語，イデオロギーと差別』（*English with an Accent: Language, Ideology, and Discrimination in the United States*）（第 2 版）は英語の訛りについての言語態度を豊富な事例と共に論じている。また，Charles Boberg（2021）の『北米の映画とテレビの訛り—社会音声学的分析』（*Accent in North American Film and Television: A Sociophonetic Analysis*）は，社会音声学の調査に基づく研究である。

各章ではこのほかにもそれぞれの主題に関する先行研究を参照しながら議論を進める。章に依って主題へのアプローチ方法が異なるところがあるが，各章の主題に適した分析方法を選んだものである。

1.4. 本書の構成

本書の構造は以下の通りである。なお，各章のトピックについて映画を取り上げながら論じるときには，その映画のあらすじについて記す。また，映画からの引用には筆者が参照した媒体でのその場面の現れる時間を記している。DVD，インターネット配信などの媒体の違いにより時間が異なる場合もあるが，場面を参照する際の目安としていただきたい。

第2章「サイレント映画からトーキーへ」では最初のトーキーとして語られることの多い『ジャズ・シンガー』（1927）を取り上げ，サイレント映画からトーキーへの端境期の映画の英語について述べる。サイレント映画的要素が多く残っていることについても触れる。

第3章「ギャング映画の英語」では1930年代に人気ジャンルとなったギャング映画について『民衆の敵』（1931）他の映画を取り上げ，特徴的な語彙を中心に論じる。音声が映像と同期するトーキーの登場によって人気が出た映画ジャンルは，ここで取り上げるギャング映画のほかに，音楽が魅力的なミュージカル映画，音楽映画，軽快な台詞のやりとりが特徴的なスクリューボールコメディなどがある。

第4章「ハリウッド映画と間大西洋アクセント」では，『ローマの休日』（1953）など，1930年代から50年代の映画で多く用いられた，イギリス標準英語の影響を強く受けたアメリカ英語のアクセントについてその特徴と具体的な用例を論じる。

第5章「トーキーの登場とサイレント映画スターの命運」では，トーキーが登場したときに，サイレント映画で活躍したヨーロッ

パ出身の英語非母語話者であるスターたちの英語がどのように受け止められたかを，当時の新聞・雑誌記事を参照しながら論じる。

　第6章「トーキーの登場とイギリスの反応」では，アメリカでトーキーが多く作られイギリスでも上映されるようになったときに，そこで聞かれるアメリカ英語についてイギリスのメディアや議会がどのように反応したかを論じる。

　第7章「プロダクション・コードによる規制」では，映画の内容や言語を制限したプロダクション・コードについて『風と共に去りぬ』(1939) の例を取り上げて論じる。

　第8章「タブー語と戦争映画」では，プロダクション・コードが廃止されたのち，映画内での使用が多くなったタブー語について，ベトナム戦争を描いた『7月4日に生まれて』(1989) を例に取り上げて論じる。

　第9章「アメリカ南部を描いた映画の英語」では，ケーススタディとしてアメリカ南部を取り上げて，映画での地域方言の表象における本物らしさの問題について論じる。

　第10章「言語観，言語景観の変化」では，『ウエスト・サイド・ストーリー』(2021) における英語とスペイン語併用の様子を述べ，映画における多言語使用について論じる。

第2章 サイレント映画からトーキーへ
──『ジャズ・シンガー』(1927)

2.1. はじめに

　19世紀末に「動く写真」として映画は誕生した。映画を表す英単語のひとつ movie（ムービー）は「動く」を表す動詞 move に，「... の性質のあるもの」を表す名詞をつくる語尾 ie がついたものである。そしてその動く映像が話すようになったとき，talk（話す）に ie をつけて，talkie（トーキー）と呼ばれるようになった。日本語では，音のない無声映画に対する語として，発声映画という語を使うこともある。

　映画の映像に音声（伴奏音楽・効果音・台詞）を同期させる試みは19世紀末から続いていた。映像のフィルムのサウンドトラックに音を記録する方法と，映像とは別にディスクに録音する方法の両方が模索されていたが，最初に商業的な成功を収めたのは後者であった。しかし，徐々に前者が用いられるようになり，1930年代には前者のみとなる。

　効果音と伴奏音楽が映像に同期した最初の長編映画『ドン・

ファン』（*Don Juan*）は 1926 年に作られた。このときに使われたのは映像を録画するフィルムとは別のディスクに音を録音するヴァイタフォンである。『ドン・ファン』と同時上映された短編映画が人気を博したため，翌 1927 年 10 月に，同じくヴァイタフォンを用いた『ジャズ・シンガー』が公開されるまでに，音楽つきの短編映画が 150 本近く作られることとなった。『ジャズ・シンガー』では，効果音，伴奏音楽だけでなく，音声による台詞も登場した。主演のアル・ジョルスン（Al Jolson）の人気も相まって『ジャズ・シンガー』は大ヒットとなり，しばしば最初のトーキーと言及されるようになる。

　本章では，『ジャズ・シンガー』の英語を取り上げながら，サイレントからトーキーへの移行期の映画の英語について考える。英語の音声の台詞が初めて現れた映画であると同時に，サイレント映画特有の台詞を字幕で示す部分も多く，まさに移行期の映画である。

『ジャズ・シンガー』（*The Jazz Singer*）1927 年

あらすじ：ニューヨークのユダヤ人居住区で，ユダヤ教先唱者の息子として生まれたジェイキー・ラビノウィッツは，酒場で歌を歌っていることを親に知られ勘当される。月日が流れ，ようやくブロードウェイの舞台に出演するチャンスを得たジェイキーは実家を訪れるが父とは和解できない。初舞台の直前に母が訪ねてきて，父が倒れたので代わりに贖罪の日の儀式で賛美歌を歌ってほしいとジェイキーに頼む。舞台に穴を空ければジャズ・シンガーとしてのキャリアは終わりだと興行主に言われるジェイキーだが …

2.2. 『ジャズ・シンガー』の英語

映画史上最初のトーキー作品として名前が挙がる作品であるが，台詞が音声として現れるのは一部に過ぎず，大部分はサイレント映画のように字幕で表現される。

最初の音声による台詞 "Wait a minute, wait a minute. You ain't heard nothing yet." は「お楽しみはこれからだ」という日本語訳でも有名である。

この台詞が現れるのは，ニューヨークの家を離れたジェイキーがロンドンで暮らしている場面である。ジェイキーは行きつけのレストランで「汚い手汚い顔」（Dirty Hands, Dirty Face）を歌う。これはジェイキーを演じるアル・ジョルスンの持ち歌である。歌い終わって拍手喝采が店中から起きたところで，ジェイキーは誇らしげな笑顔で，客達に向かって次の台詞を口にする。

(1) Wait a minute, wait a minute. <u>You ain't heard nothing yet.</u> Wait a minute, I tell you. You ain't heard nothing. Do you want to hear "Toot, Toot, Tootsie"? All right. Hold on, hold on. (*To the pianist*) Lou, listen. Play "Toot, Toot, Tootsie", three chorus, you understand. <u>In the third chorus, I whistle.</u> Now give it to them hard and heavy, go right ahead. (0:21:58)
(待って，待って。<u>まだ何も聞いていませんよ。</u>ちょっと待ってください。まだですよ。「トッツィー」を聞きたいですか？わかりました，ちょっと待って，ちょっと待って。（ピアニストに）ルー，いいかい。「トッツィー」を三番まで，わかるね。

　　<u>三番は指笛を吹くよ。</u>じゃあ，しっかりやってくれ。さあ行
　　こう。）

　台詞のスピードは普通の話し言葉のようで，ゆっくりとまたは
はっきりと話されているということはない。「初めてのトーキー
の台詞」を示すような際立った特徴はなく，ごく自然な英語の台
詞に聞こえる。ジェイキーを演じたジョルスンはブロードウェイ
で人気を博していたスター歌手で，ステージでの即興のトークな
ども得意であった。この映画の台詞もアドリブが入っていると言
われている。

　（1）の台詞の英語としての特徴として，下線部の You ain't
heard nothing yet. が文法的に非標準的であることがあげられる。
Ain't は have not の口語的な短縮形で，この文では否定辞 not
と nothing が両方使われているが意味は「まだ何も聞いていな
い」を表す。二重否定が否定の意味を表す用法で，今日でも非標
準的な口語で用いられる。ジェイキーはこうした英語を用いる人
物として描かれている。

　一方，父には音声の台詞はなく字幕の台詞のみだが，父の台詞
はいつも標準的な文法を守っている。ジェイキーの台詞が字幕で
表されるときも後述の（9）のように非標準的な文法が用いられ
るのと対照的である。

　（1）の場面で，「三番は指笛を吹くよ」と指示しているように
「トッツィー」の歌の途中で指笛の演奏の場面が入る。実際には
指笛は同時録音ではなくあとから音を加えたというが，楽団の演
奏に合わせて歌のメロディーを指笛で奏でるこの場面でも観客は
トーキーの醍醐味を味わったことだろう。

　音声による二度目の台詞が現れるのは映画中盤になる。シカゴの舞台などで研鑽を積んだジェイキーはついに念願のブロードウェイの新作ミュージカルへの出演機会を得る。ニューヨークに戻ったジェイキーは，家を出て以来初めて母に会う。この場面のジェイキーと母の会話は最初は字幕で表現され，途中から音声の台詞となる。ピアノを弾きながら母に「ブルー・スカイ」を歌って聞かせたあと，ジェイキーと母の音声による会話が約1分半続く。その冒頭を以下に示す。

(2)　Jakie:　　Did you like that, Mama?

　　　Mother:　Yes.

　　　Jakie:　　I'm glad of it. I'd rather please you, than anybody I know of."　　　　　　　　　(0:45:01)

　　（ジェイキー：　母さん，気に入った？

　　母：　　　　　ええ。

　　ジェイキー：　よかった。誰よりも母さんを喜ばせたいんだ。）

　ジェイキーは次の舞台で成功したらもっといい住居に引っ越そう，ドレスを買ってあげる，コニー・アイランドに連れて行ってあげると語り，母が嬉しそうに笑う様子が描かれる。こちらも台詞の一部はアドリブで，舞台での即興に慣れていたジョルスンが実力を発揮したと言われる。(1)と同様自然なスピードの話し言葉である。

　会話のあと，ジェイキーは先ほど歌った「ブルー・スカイ」を舞台用にジャズ風にアレンジして歌って聞かせる。息子と母の愛情あふれる会話に続き，ブロードウェイの人気歌手アル・ジョルスンの歌声を聞いて，『ジャズ・シンガー』の観客はトーキーの

魅力を十二分に感じたに違いない。帰宅した父が "Stop!"（「やめ
ろ！」0:46:56）と怒鳴るところでこの幸福な場面は終わる。その
後の場面は字幕による台詞に切り替わる。

2.3. 『ジャズ・シンガー』のサイレント映画的要素

　『ジャズ・シンガー』は前節で紹介したような音声による台詞
を含む。しかし映画の大部分では台詞は，サイレント映画と同じ
手法で表現されていた。これは『ジャズ・シンガー』にヴァイタ
フォンを使ったトーキーとして撮影されている部分と，サイレン
ト映画として撮影され，あとから音楽が重ねられた部分があるか
らである。

　サイレント映画として撮影された部分は，登場人物の動きが豊
かで身振りも大きいが，映像と音を同時収録したトーキー部分は
録音技術上の制約もあり人物はあまり動いていない。また当時
は，ヴァイタフォンを上映できる映画館は限られており，最初の
ヴァイタフォン上映館は2館のみであった。

　サイレント映画として撮影された部分の台詞は字幕を使って表
現されている。また，映像上では発言があったことが示される
が，何を言っているかは音声台詞によっても字幕によっても示さ
れず，話の流れや映像から推測可能になるという部分も多い。

　サイレント映画につく字幕は，中間字幕（intertitles または ti-
tle cards）といい，画面全体に文字が記されて映像の間に挿入さ
れるものであった。のちに現れる画面下に文字が入る字幕（sub-
titles）とは異なる。

　『ジャズ・シンガー』の字幕を見ておこう。場面の説明として

次のような例がある。

(3) The New York Ghetto—throbbing to that rhythm of music which is older than civilization.　　　(0:05:49)

（ニューヨークのゲットー。文明よりも古い音楽のリズムに脈打っている。）

(4) Years later—and three thousand miles from home.

(0:17:30)

（何年も経って──そして故郷から3000マイル離れたところで。）

ジェイキーが名前をジャック・ロビン（Jack Robin）と変えたこと，また，大人になったジェイキーはアル・ジョルスンが演じることも字幕で説明される。登場人物の紹介も字幕でなされる。

(5) Sara Rabinowitz.　God made her a woman and Love made her a Mother.　　　(0:06:48)

（セーラ・ラビノウィッツ。神により女として生まれ，愛により母となった。）

そして，台詞は話している様子の映像に続いて字幕で表される。

(6) "Tonight Jakie is to sing Kol Nidre.　He should be here!"　　　(0:06:42)

（今晩，ジェイキーはコル・ニドレイを歌うことになっている。ここにいなければならないのに！）

(7) "Maybe our boy doesn't want to be a Cantor, Papa—"

(0:06:59)

（私たちの息子は先唱者になりたくないのかもしれませんね，
あなた—）

(8)　"What has *he* to say?　For five generations a Rabi-
nowitz has been a Cantor—he *must* be one!"　(0:07:10)
（あの子に言い分なんてあるのか？　ラビノウィッツ家が五世代
にわたって先唱者を務めてきた。あの子もそうしなければな
らないのだ！）

(9)　"Mother—you ain't heard nothing yet!"　　　　(0:42:53)
（お母さん，まだ何も聞いていないんだよ！）

(10)　"You taught me that music is the voice of God!　It is
as honorable to sing in the theatre as in the syna-
gogue!"　　　　　　　　　　　　　　　　(0:50:20)
（お父さんは音楽は神の声だと教えてくれた！　劇場で歌うのは
シナゴーグで歌うのと同じくらい名誉なことだよ！）

(11)　"I want to see Jakie Rabinowitz, the ector."　(0:58:44)
（ジェイキー・ラビノウィッツに会いたいんだ，役者の。）

(8) の he や must に見られるように字幕に斜字体を使うことで
強調されている箇所がわかる。また，この字幕の次には，母が諦
めたような表情で何か言っている映像が映るが，その内容につい
て字幕はつかない。表情から推して知るべしというところであろ
う。

　(9) は，(1) の音声による台詞の一部を字幕の台詞として繰り
返したものであり，観客にもそのように意識されるはずである。
ここでも (1) に現れた非標準的な文法の二重否定が用いられて
いる。字幕は書き言葉であるが，台詞の字幕は話し言葉的特徴を

備えているといえる。

　書き言葉としての字幕という観点からは（10）における honorable と theatre も興味深い。Honorable はアメリカ式の綴りであるが，theatre はイギリス英語の綴りとなっているからである。ブロードウェイの劇場名は今もイギリス式の theatre を採用しており，『ジャズ・シンガー』の字幕にもその影響が見られる。

　（11）は，ゲットーの顔役で「おせっかい焼き」の異名をとるユデルソンが，ジェイキーをブロードウェイの劇場の楽屋に訪ねてきた時の台詞である。俳優（actor）が ector と綴られていて，そのように発音していることが綴りに反映されている。ユデルソンは別の字幕では，ain't を使っており，ジェイキーの父母の台詞が標準的な文法や綴りで表されているのと対照的である。

2.4. 『ジャズ・シンガー』の特徴的な語彙

　『ジャズ・シンガー』は，トーキーとして重要な作品であることが注目されるが，厳格なユダヤ教先唱者の家に生まれた主人公が，ジャズ・シンガーとして成功したいという気持ちと，家族を思う気持ちに引き裂かれる様子が描かれた映画でもある。

　したがって，『ジャズ・シンガー』の英語の特徴として，ユダヤ教に関連する語彙が台詞に表れる。たとえば cantor（先唱者），Kol Nidre（コル・ニドレイ，贖罪の日の前夜に行われる礼拝，またはその礼拝の初めに唱えられる祈り），Yom Kippur（贖罪の日），shiksa（［侮蔑］ユダヤ人ではない女性），kibitzer（おせっかいをする人），synagogue（シナゴーグ，礼拝堂）。このなかで，shiksa と kibitzer は字幕においても斜字体となっていて，ユダヤ教徒以外の英語話

者にとっては馴染みの薄い語であることが示されている。「贖罪
の日」Yom Kippur は字幕では the Day of Atonement と書かれ
ていることもある。

　『ジャズ・シンガー』を製作したワーナー・ブラザーズは，ポー
ランドからのユダヤ系移民のワーナー家の子どもたちが 1923 年
に設立した会社で，この映画はアメリカにおけるユダヤ教徒の生
活を広く知らせる映画ともなった。主演のアル・ジョルスンもリ
トアニア生まれのユダヤ系移民で，エイサ・ヨエルソン（Asa
Yoelson）から名前を改めた。

2.5.　ブラックフェイスの演出について

　最後に『ジャズ・シンガー』の終盤でジェイキーが顔を黒く
塗ってアフリカ系アメリカ人に扮してブロードウェイの新作
ミュージカル『4 月のフォリー』（April Folly）の舞台に上がる場
面について述べておく。白人が顔を黒く塗って黒人に扮すること
は，19 世紀のミンストレル・ショーに始まる。そこで演じられ
る黒人は，役柄や言葉（訛り）において人種に対する固定観念を
なぞっていることが多く，後には人種差別を助長するとして批判
されるようになった。アル・ジョルスンは『ジャズ・シンガー』
以外の映画でも，舞台にも顔を黒く塗って出演することが多かっ
た。しかし，こうした演出は 1930 年代にはほとんどなくなり，
今日では許容されない。

第3章　ギャング映画の英語
—『民衆の敵』(1931)

3.1.　はじめに

　トーキーの登場により，音がついていることのメリットを最大限に生かしたジャンルの映画が作られるようになった。銃声が響き渡るギャング映画もその一つである。この他に，歌や音楽が重要な役割を果たすミュージカル映画・音楽映画，台詞の掛け合いによるコメディ（喜劇），特に，男女の間の機知に富む早口の台詞の掛け合いが特徴的なスクリューボールコメディもトーキーで好まれたジャンルである。

　本章では1930年代のギャング映画として，『民衆の敵』，『暗黒街の顔役』を取り上げ，特徴的な語彙や銃の使用について考察する。

『民衆の敵』(*The Public Enemy*) 1931年
　あらすじ：　舞台は第一次世界大戦前から禁酒法時代のシカゴ。主人公トム・パワーズは酒の窃盗，密造，密売をしなが

らギャング同士の抗争に巻き込まれていく。トムの兄は真面目で弟の非行を快く思っていない。トムも兄のほうが母親に愛されていると考えて，ライバル意識を強める。激化するギャングたちの抗争に巻き込まれたトムは …

『暗黒街の顔役』（*Scarface*）1932 年

あらすじ：禁酒法時代のシカゴで酒の密造や密売を行い，機関銃を使って多数の死者を出し，暴力的に街を支配したアル・カポネ（Al Capone）をモデルとするギャング映画で，原題の *Scarface* はアル・カポネのニックネームである。主人公のトニー・カモンテは機関銃を用いて党派抗争を制して勢力を拡大するが，敵も増える。妹を溺愛するあまりその恋人を射殺したトニーを妹は …

3.2. ギャング映画の系譜と『民衆の敵』，『暗黒街の顔役』

　1930 年代にギャング映画が好まれた社会的背景には，禁酒法時代（1920-1933）に犯罪集団（ギャング）による酒の密造，密売，銃を用いた暴力行為が目立ったことがある。1929 年の大恐慌以降の不況による社会不安も，犯罪者への共感を呼ぶ要因となった。

　ギャング映画自体はサイレント映画にもあった。D. W. グリフィス監督の『ピッグ横丁のならず者』（*The Musketeers of Pig Alley*, 1912）から始まり，J. V. スタンバーグ監督の『暗黒街』（*Underworld*, 1927）に至る系譜である。その後，トーキー登場直後の 1930 年代から 40 年代にかけて，ギャング映画というジャ

ンルが興隆する。この時期のあとも，1960年代後半のアメリカン・ニューシネマの代表作のひとつであるアーサー・ペン監督の『俺たちに明日はない』（*Bonnie and Clyde*, 1967）や，1970年代のハリウッドを代表するフランシス・コッポラ監督の『ゴッド・ファーザー』（*The Godfather*, 1972）シリーズなどハリウッド映画の各時代において，ギャング映画は一定の人気を持つジャンルとして作られている。その先鞭をつけたのが，1930年代，40年代のギャング映画であった。この時期の代表的なギャング映画に『犯罪王リコ』（*Little Caesar*, 1931），『民衆の敵』（*The Public Enemy*, 1931），『暗黒街の顔役』（*Scarface*, 1932）がある。

『民衆の敵』は初期に成功を収めたギャング映画の一つで，その後のブームを導くことになる。トムを演じたジェームズ・キャグニーの出世作となった作品である。また，『暗黒街の顔役』は，『犯罪王リコ』や『民衆の敵』と比べても暴力的，残虐な描写が多く，プロダクション・コード遵守の強化の一因ともなった。

3.3. ギャング映画と倫理規定「プロダクション・コード」

ギャング映画の主題や暴力的な描写は，映画業界の自主規制の規定であるプロダクション・コードによれば容認しがたいものでもあった。この規定は，「道徳上，推奨されるべきトピック，不適切とされるもの」をリストアップし「映画を良いものにも悪いものにもなりうる内容をもつものと位置づけたうえで，内容上の取り扱い可能な範囲を定めた」（北野（2017: 116））もので，ヘイズ・コードとも呼ばれる。なおプロダクション・コードについて

は第7章で詳しく扱う。

　プロダクション・コードが導入されたのは1930年，その遵守が上映に際して義務化されるのは1934年のことであった。義務化以前の「プレコード映画」の製作過程でも，プロダクション・コード遵守を管理するMPPDA（全米映画製作者配給者協会）との連携は必要だった。

　ギャング映画において，犯罪者を美化（glorify）しているわけではないといった字幕が映画冒頭に出てくるのはそのためである。『民衆の敵』の場合を見てみよう。映画の最初に，字幕による説明があり，ギャングを美化するものではないことが説明される。なお，字幕はすべて大文字で記されているが次の引用は小文字に改めている。

　(1)　It is the ambition of the authors of "The Public Ene-my" to honestly depict an environment that exists to-day in a certain strata (*sic.*) of American life, rather than glorify the hoodlum or the criminal. While the story of "The Public Enemy" is essentially a true sto-ry, all names and characters, appearing herein, are purely fictional.
　　　　　　　　　　　　　　　　　　　　　　　　(0:01:39)
　　　（『民衆の敵』の作者たちの願いは，アメリカ社会のある層に今日存在する環境を正直に描くことであり，ならず者や犯罪者を美化することではない。『民衆の敵』の話は本質的に実話であるが，ここに現れる名前や登場人物は純粋なフィクションである。）

この字幕に用いられる strata（階層）は stratum（階層）の複数形

であり，不定冠詞 a を伴っているのは文法的には不正確である
がそのままを引用している。

　映画の最後には以下の字幕が現れる。

(2)　The end of Tom Powers is the end of every hoodlum.
　　　The "Public Enemy" is not a man, nor is it a character
　　　—it is a problem that sooner or later, we, the public,
　　　must solve.　　　　　　　　　　　　　　　　(1:24:02)

　　　（トム・パワーズの最後はすべてのならず者の最後である。「民
　　　衆の敵」は人でもなければ，登場人物でもない—それは早晩，
　　　我々民衆が解決しなければならない問題なのだ。）

犯罪者の人生を美化して描いてはいけないというプロダクショ
ン・コードを意識してこのような字幕が挿入されるが，映画自体
は，トム・パワーズの人生が観客を引き付けるように劇的に描か
れている。

3.4.　初期ギャング映画の語彙

　映画の台詞について特徴的なジャンル毎に考察した Kozloff
(2000: 201) はギャング映画を取り上げた第 6 章「武器としての
言葉—ギャングスター映画の台詞」のなかで，初期のギャング映
画の台詞について次のように述べている。

(3)　The very earliest sound gangster films acquainted au-
　　　diences with a specialized vocabulary: *take him for a*
　　　ride, grifter, cannon, mug, on the square, sucker, bulls,

cut you in, lay low, the heat's on, bum rap, mebbe, cross me, muscle in, gat, rat on one's friends; just as more contemporary gangster films offer *hitter, contract, whacking, hood, homeboys, bustin' my balls, wiseguys, made man*, and so on.　The dialogue of gangster films is blatantly distinct from the language of other kinds of films.

（最初期の音声付きギャング映画を通じて観客たちは特別な語彙を知ることになった。*take him for a ride*（彼を騙す），*grifter*（腐敗官吏），*cannon*（大型自動銃），*mug*（恐喝する），*on the square*（正直に），*sucker*（カモ），*bulls*（警官），*cut you in*（分け前をやる），*lay low*（身を隠す），*the heat's on*（追手が迫っている），*bum rap*（無実の罪），*mebbe*（たぶん），*cross me*（俺をだます），*muscle in*（割り込む），*gat*（銃），*rat on one's friends*（友人を見捨てる）。それは，より近年のギャング映画が *hitter*（銃），*contract*（殺しの請負），*whacking*（殺し），*hood*（刺客），*homeboys*（ギャング仲間），*bustin' my balls*（いらいらさせる），*wiseguys*（ギャング），*made man*（マフィアの正規メンバー）などを提供するのと同じである。ギャング映画の台詞は，他の種類の映画の言語とは明らかに異なっている。）

Kozloff（2000）が，最初期のギャング映画で使われた語として挙げている語のギャング映画的語義とその初出年を *OED* で調べると次のように記されている。なお，一部形を変えている。

take for a ride　1925 年，騙す。

grifter　1915 年，公的な立場（役人，政治家）を利用して不正を働く人。grafter から。

cannon　1914 年，大型自動銃。

mug　1864 年，人を攻撃して奪う，特に公共の場所で。

on the square　1668 年，正直に（現在では俗語）。

sucker　1838 年，騙されやすい人（元北米から）。

bull　1893 年，警官（US 俗語）。

cut in　1890 年，分け前を受け取る，与える（US 俗語）。

lay low　1845 年，特に犯罪者について，発覚・注意を避けるために身を隠す（口語，元俗語）。

heat　1928 年，警察と関わること，追跡されること（俗語，元 US）。

bum rap　1913 年，誤った判決，無実の罪（主として US）。

mebbe　1825 年，地域方言 maybe（口語）。

cross　1823 年，騙す，裏切る（俗語）。

muscle in　1928 年，力づくで割り込む，影響を与える（俗語）。

gat　1904 年，銃（俗語，元 US）。

rat on　1912 年，見捨てる，逃げる（俗語）

また，最初期のギャング映画よりも後の時代のギャング映画の語彙として Kozloff（2000）が挙げている語について同様に *OED* が記すギャング映画で用いられるような語義とその初出年は以下の通りである。

hitter　【該当語義なし】

contract　1940 年，（通常対価を得て）誰かを殺す合意（俗語，元 US）。

whack　1973 年，犯罪者，特にマフィアで，殺す，特に処刑する（俗語，元 US，主に US）。

hood　1930 年，＝hoodlum，ギャング，暴力的犯罪者。

homeboy　【「ギャング仲間」に特化した語義は *OED* にはない】

wiseguy　1956 年，ギャング，マフィアの一員（US 俗語）。

bust one's balls　1946 年，誰かを苛々させる（俗語，元 US，おそらくイタリア語の scocciare le palle から）。

made man　1973 年，正式にマフィアのメンバーとなった人（俗語，元 US）。

　Kozloff（2000）が，初期の音声付きギャング映画，つまり 1930 年代のギャング映画で人々に知られることとなった語として列挙しているものの半数（16 語中 8 語）は *OED* の初出年が 20 世紀であるが，残りの半数は 19 世紀またはそれ以前が初出の語である。Kozloff（2000）の（3）の指摘は犯罪グループに関わる語が，初期のギャング映画のなかで取り上げられ広まっていったことの説明と解釈できる。

　また，Kozloff（2000）が（3）でより後のギャング映画で用いられたとして挙げている語の *OED* での初出はすべて 20 世紀であり，特に，20 世紀後半初出の語も 3 語（whack，wiseguy，made man）ある。

3.5. 『民衆の敵』の用例

前節で挙げた初期ギャング映画特有の語は，たとえば『民衆の敵』のなかでは以下のように用いられている。

(4) You know old Putty Nose always plays <u>on the square</u> with you, don't you?　　　　　　　　(0:09:31)

（いいか，このパティ・ノーズはいつもお前たちに<u>ずるはしな</u><u>い</u>ぞ，わかってるだろう？）

(5) Remember how I always said … when I got something good, I'd <u>cut you in</u>?　　　　　　(0:11:30)

（いつも言っていただろう，何かいいものがあれば，<u>分け前を</u><u>やる</u>って。）

(6) I was afraid you might have brought Mike with you. <u>That sucker</u>.　　　　　　　　　　(0:11:00)

（マイクを連れてきたかもしれないと心配していたんだ。<u>あの</u><u>バカ</u>を）

(7) As far as Paddy Ryan is concerned, there's only two kinds of people: right and wrong. Now, I think you're right. You'll find that I am, unless <u>you cross me</u>."

(0:19:58)

（パディ・ライアンに言わせれば人には二種類しかない。正しい奴か間違った奴か。お前は正しい方だ。俺もそうだとわかるよ，お前が<u>裏切ら</u>なければな」）

(8) You better <u>lay low</u> for a while. The <u>heat's on</u>.

(0:15:42)

（しばらく身を隠していたほうがいい。警察が探している。）

3.6.　銃声の効果

　トーキー登場直後にギャング映画が人気を集め，数多く製作・上映されるようになったのは，響き渡る銃声が観客を引き付けたからだとも言われる。

　『民衆の敵』では主人公トムと親友のマットが年長のパティ・ノーズから銃を与えられる場面が，犯罪に本格的に関わる通過儀礼のように描かれる。

> (9)　Christmas presents from Sant Clause, with best wishes
> for a prosperous new year.　　　　　　　　　(0:12:53)
> 　（サンタクロースからのクリスマスプレゼントだ。輝かしい新
> 　年への願いをこめてな。）

銃を渡された二人は顔を輝かせて両手で重さを確かめ，構えてみる。しかしこれに続く場面では，毛皮店に強盗に入るが警官に見つかり，逃げながら銃を打ち合う様子が描かれる。死者も出る。やっとのことでパティ・ノーズの家にたどり着いたトムとマットは，中から出てきた男にノーズが自分たちを見捨てて街を出たことを知らされる。

　銃声が際立つのは数年後トムとマットが，自分たちを裏切ったパティ・ノーズが街に戻ってきたことを知って射殺する場面である。二人が復讐に来たことを知ったノーズは，小さいころに歌を歌ってやったではないかと，グランドピアノに向かい歌を歌い始める。トムはその後ろに回り込み上着の内ポケットから銃を取り

出す (0:56:07)。射殺の場面は描かれない。ノーズの歌う声 "Lizzy Jones, big and fat. Slipped on the ice and broke her ..." (リジー・ジョーンズ，大柄で太っていて，氷で滑って骨を ...) の途中で銃声が二発響く。そのあと，ピアノの不協和音が大きく響き渡り，ピアノを弾いていたノーズが撃たれて鍵盤に倒れこんだことが示唆される。画面に映っているのは二人を見ているマットである。銃声と歌声，ピアノの音が，効果的に用いられている。

3.7. 機関銃の使用―『暗黒街の顔役』

　機関銃は第一次世界大戦期に実用化された。禁酒法時代に暗躍したギャングたちにも使われ，1930 年代のギャング映画にも頻出する。銃撃音がタイプライターの打鍵の音に似ているところから，typewriter という語が機関銃 (machine gun および submachine gun) を指すようになった。*OED* の初出は 1916 年である。

　機関銃 (typewriter) の使用例を，1930 年代のもうひとつの代表的なギャング映画である『暗黒街の顔役』(*Scarface*, 1932) から見てみよう。映画はフィクションである旨を断っているが，主人公のモデルとなっているアル・カポネがそうであったように，機関銃を多用している。

　機関銃を表す typewriter は主人公トニーの次の台詞に出てくる。

(10)　And this is it.　That's how I got the South Side for you and that's how I'm gonna get the North Side for you.　Some little typewriter, right.　I'm gonna write

my name all over this town with big letters!　(0:45:20)
（そしてこれだ。こうやって南側は手に入れてやったし，北側
も手に入れてやる。小さな機関銃だ。俺の名前を町中に大き
な字で書いてやる！）

冒頭の And this is it. と言うところでは機関銃が映っている。
"write my name all over this town"（町中に名前を書く）は，足跡
を残す意味であるが，typewriter という機関銃を指す俗語と
write（書く）という動詞が関連していることは言うまでもない。

この場面の続きにトニーは "Get out of my way, Johnny, I'm
gonna spit!"（0:45:32）といって，機関銃を壁に向かって乱射す
る。spit は「貫通させる」の意味で，壁や壁際の棚に多くの弾
丸の後が残る。"Come on fellows."（0:45:41）と腕を振り上げて仲
間と部屋を出て行くトニーの側に立つ女性が，機関銃の威力を見
て恍惚とした表情を浮かべている。その後も街角で銃声が響き市
民が殺されていく場面が連続して挿入される。また，10月5日
水曜日からの日めくりカレンダーがめくられ，機関銃で打ち抜か
れていく映像が，トムが銃で支配しながら組織のなかで上昇して
いく様子を描いている場面も印象的である（0:28:24）。

『暗黒街の顔役』のなかには機関銃製造を禁止する法律はある
が流通を禁止する法律がないことや法整備の必要性を警察幹部が
新聞社長に語る場面がある。これは機関銃によるギャングの支配
を美化しないための場面でもある。

(11)　"These fellows bootleg machine guns like they boot-
leg booze."
(0:46:30)
（こいつらは，酒を密売するみたいに機関銃を密売している。）

(12) The city is full of <u>machine guns</u>. Gang war in the streets. Kids aren't even safe to go to school."

(0:52:13)

（町には<u>機関銃</u>があふれている。通りではギャング抗争だ。子どもたちが学校に行くのも安全ではない。）

(13) Don't blame the police! They can't stop <u>machine guns</u> from being run back and forth across the state lines. They can't enforce laws that don't exist!

(0:52:27)

（警察を責めるな。警察は，<u>機関銃</u>が州境を越えてあちこち運ばれるのを止めることはできないんだ。存在しない法律を執行することはできないんだ！）

ここでは機関銃を指して machine gun という語が使われている。ギャング達は typewriter という俗語を使うが警察官は使っていない。

なお (11) の bootleg は「（酒を）密売する」（*OED* 初出 1906 年），booze は俗語で「酒」，特にアメリカではウィスキーなど蒸留酒（*OED* 初出 1859 年）を指す。これらは，1930 年代に現れた俗語ではないが，この時期のギャング映画でよく用いられる語である。

第4章　ハリウッド映画と間大西洋アクセント
──『ローマの休日』（1952）

4.1.　はじめに[1]

　「昔のアメリカ映画は英語が聞き取りやすい」と言われること
がある。念頭におかれているのは20世紀半ばくらいまでの，
『ローマの休日』（*Roman Holiday*, 1952）のような映画である。
聞き取りやすい理由として，台詞の発声が明瞭である，俗語の使
用が少ないなどが考えられるが，「間大西洋アクセント」（transatlantic accent）の存在も大きい。イギリス標準英語の影響を強
く受けたアメリカ英語のアクセント（訛り）である。演劇の舞台
で使われる明瞭な発声法や発音の影響を強く受けており，今日の
アメリカ映画の英語に比べると芝居がかったフォーマルな響きが
ある（Kozloff (2000: 24-25)）。

---

[1]　本章は『英語のエッセンス』所収の拙論「第1章　アメリカ映画と間大西
洋アクセント──1930年代〜1950年代を中心に」（現代英語談話会編，大阪
教育図書，2019年）に加筆修正した。転載許可を頂いたことに感謝申し上げ
たい。

　間大西洋英語という概念は，この時期のアメリカ映画に限られたものではない。イギリス英語のなかにアメリカ英語に特徴的な発音が入っている場合や，アメリカ英語のなかにイギリス英語に特徴的な発音が入っている場合に，その部分が「間大西洋的」だと言われることもある (Crystal and Crystal (2014: No. 2469))。Transatlantic のほか mid-Atlantic という語も同義で用いられる。国際共通語としての英語を論じる際に，イギリス英語でもアメリカ英語でもない中間的な英語として言及されることもある (Svartvik and Leech (2016^2: 249))。

　20 世紀半ばまでのアメリカ映画で頻繁に用いられた間大西洋アクセントが興味深いのは，イギリス標準英語と結びついたこの発音が，俳優の発音トレーニングなどを通じてアメリカ映画に導入され，映画のなかで社会的権威や地位を表すアクセントとして用いられたという，固有の文化的社会的背景を持つからである。アクセントなど特定の言語形式がイデオロギーと結び付けられる過程はレジスター化 (enregisterment) と呼ばれる (Queen (2015: 236-237))。間大西洋アクセントのアメリカ映画における使用は，まさにレジスター化の一例であった。

　本章では 20 世紀半ば，とりわけ 1930 年代から 50 年代までのハリウッド映画において間大西洋アクセントが次の 3 点を表していたことを，具体的な映画の例を挙げながら論じていく。

(i)　映画史的には，初期のトーキーの英語が演劇舞台の英語およびイギリス英語から影響を受けたこと

(ii)　社会言語学的には，社会的権威を表すアクセントとして用いられたこと

（iii）　映画の設定としては，非英語圏という舞台との親和性
　　　　も高いこと

取り上げる映画は，『雨に唄えば』，『イヴの総て』，『ローマの休
日』，『西部戦線異状なし』，『グランド・ホテル』である。

『雨に唄えば』（*Singin'in the Rain*）1952 年

あらすじ：トーキー登場期のハリウッドが舞台。サイレン
ト映画のスターとして共演を重ねるドンとリナは恋人同士と
思われているが，ドンはリナに特別な感情を持っておらず，
偶然出会った若い女優のキャシーに惹かれる。スタジオで
は，製作中のサイレント映画を急遽トーキーに変更すること
になり，製作スタッフやキャストは混乱する。ドンは声や発
声のよくないリナに代わってキャシーにリナの声を演じさせ
ることにし，それは成功するのだが…

『イヴの総て』（*All About Eve*）1950 年

あらすじ：女優志望のイヴは，ブロードウェイで活躍する
大女優のマーゴに大ファンだと言って気に入られ，付き人と
なる。イヴは自分の野心のためにマーゴの周りの人々に取り
入り，ある日，マーゴの代役として舞台に立つチャンスを得
る。マーゴを押しのけてスター女優への道を歩み始めたイヴ
だが…

『ローマの休日』（*Roman Holiday*）1953 年

あらすじ：ヨーロッパの小国の王女アンは，親善旅行の過
密スケジュールに嫌気がさして，夜一人でローマの街に出
る。アメリカ人特派員ジョーは，アンの正体に気づき，自分

が記者であることを告げずにローマを案内すると申し出る。
密着取材による特ダネ記事を書こうとしていたジョーだが
…

『西部戦線異状なし』(*All Quiet on the Western Front*) 1930 年

あらすじ：ドイツのギムナジウム（中等学校）に通うポール
は，愛国心を鼓舞する古典教師の演説に感動して，数名の級
友と共に，第一次世界大戦に志願兵として出征する。しかし
実際に赴いた西部戦線（フランス）での悲惨な状況は故郷で
思い描いたものとは全く異なっていた …

『グランド・ホテル』(*Grand Hotel*) 1932 年

あらすじ：ベルリンのグランド・ホテルに宿泊する人々を
描いている。ロシア人バレリーナ，貴族のふりをして彼女の
真珠を狙う泥棒，取引がうまくいかない社長，彼の雇った魅
力的な速記秘書，自暴自棄になっている同じ会社の経理係な
どの人生が交錯する様子を描く。

4.2. トーキーの登場とイギリス英語の影響

4.2.1. 演劇の言語の影響

　トーキーの登場以来，ジャンルによる差はあるものの全体的な
傾向として映画の英語は，演劇の舞台に影響を受けたフォーマル
な英語から，より口語的で実際の発話を写したような英語へと変
化していった (Kozloff (2000: 24-25))。
　サイレントからトーキーへの移行期の声（台詞）を評価する新

聞・雑誌の言説には時と共に変化があった (Crafton (1999: 447))。最初は「本格的な演劇舞台」に由来する「理想的な声のスタンダード」をモデルとしたクオリティが高く評価された。次にそれに対する反動として，わざとらしい演劇の声ではなく自然な声，「ナチュラリズム」が評価されるようになった。そして最後に，両者を統合した，演劇舞台の明瞭な話し方と日常的な自然なアメリカの口語的表現を兼ね備えた「ハイブリッド性」が重視されるようになった。

　1920 年代以降の演劇俳優のための発音指導については，Knight (2000) ほかの Vera (2000) 所収の論考に詳しい。*World English*, *Euphonetics*, *Good American Speech* 等の名称で，発音体系が提唱され指導された。いずれもイギリス標準英語的な発音の影響の強いアクセントをアメリカの舞台俳優のモデルにしたものである。

　英語変種のオンラインデータベース IDEA を主宰する発音コーチのピーター・マイヤー (Peter Meier) は，20 世紀前半のアメリカ映画におけるイギリス標準英語の影響について次のように述べる (Meier (2010: 175))。

(1)　As one trained in the English theatre, I was introduced to Received Pronunciation. This dialect was how professional actors, broadcasters, and all who wished to be accepted as educated and "civilized" had to speak back in the 1960s. As you will hear in American films from the thirties and forties, even *American* actors—many of them—spoke that way too. Clearly, this dialect was globally exported from Britain as the prestige dialect of English. American English had not really come into its own as a globally acceptable and desirable pronunciation system and was thought to be somehow inferior, less attractive, and so on. Listen to recordings of vintage American newsreel journalists and members of American high society, and you will hear that British English was undeniably the model.

（私はイングランドの劇場で訓練を受けたので，容認発音を学んだ。容認発音こそ，1960 年代には，プロの俳優，アナウンサー，そして教育を受けた「教養のある」人と認められたいひとたちが使うべき発音だった。1930 年代，40 年代のアメリカ映画を見ればわかるが，アメリカ人俳優でさえ多くが，そのような話し方をした。容認発音はイギリスから世界中に向けて，威信のある英語方言として輸出されていた。アメリカ英語はまだそれ自体，世界的に認められる望ましい発音体系とは思われておらず，どこか劣った，魅力に乏しいものだと見なされていた。アメリカの古いニュース映画記者やアメリカ上流社会構成員の話し方を録音で聞いてみれば，明らかにイギリス英語がモデルとなっていることがわかるだろう。）

マイヤーは間大西洋アクセントという語は使っていないが，「明らかにイギリス英語がモデルになっている」英語がまさに間大西洋アクセントである。Transatlantic（間大西洋）という語はのちに Hobbs（1986）が俳優の獲得すべきアクセントとして使っているが，20 世紀前半の俳優トレーニングの目標で使われていたわけ

ではない。「間大西洋アクセント」はむしろ新聞記事などで演劇
や映画の台詞に言及する際に使われていた。

4.2.2. 『雨に唄えば』の発音矯正場面

　ミュージカル映画『雨に唄えば』では，トーキー収録にあたっ
てイギリス英語の発音が推奨された様子が描かれている。イギリ
ス英語を手本にすることははっきりとは述べられていないもの
の，実際に推奨されている音はイギリス英語的である。

　たとえばトーキーの収録が描かれる箇所に，

(2)　"Nothing can tear us apart.　Our love will last till the
　　　stars turn cold."
　　　（何も私たちを分かつことはできません。私たちの愛は星が冷
　　　たくなるまで続くでしょう。）

という台詞がある。ここで apart, stars の r をしっかり発音する
(1:29:28) サイレント映画のスター女優リナは，声や発音が魅力
的でないのでトーキーには適さないとみなされる。一方，リナの
台詞を吹き替える若い女優のキャシーは apart の r を発音せず，
stars の r も弱い（1:29:38）。また last をリナはアメリカ英語の狭
い [æ] で発音しているが，キャシーはイギリス英語の広い長母
音 [ɑː] を使っている。

　『雨に唄えば』では，映画出演者たちが発音指導を受ける場面
も描かれる。ここで講師がイギリス英語をモデルとしていること
が次の例文で示される。

(3)　I can't stand him.

　　（彼には我慢ならない。）

リナは can't の母音にアメリカ英語的 [æ] を用いており (0:47:03)，講師はイギリス英語的な [ɑː] に訂正する。一方，サイレント映画からトーキーへの移行を順調に果たすドンは can't を [ɑː] と発音して講師に褒められるのである（0:47:24）。さらに劇中では試写会で上映された映画のなかでリナが（3）の can't を [æ] を長く伸ばして「アイキャーント」のように発音する場面で観客が大笑いするという場面も描かれている。

　この他に，映画よりも演劇のほうが優れた芸術であるというメッセージが登場人物の設定や台詞を通して示される場面もある。たとえば，リナの台詞を吹き替えるキャシーは演劇的な訓練を受けているので，トーキーでもすぐに通用すると認められ，リナの台詞や歌を代わりに担当することになる。キャシーは，サイレントのスター俳優ドンと初対面のときに，本当は彼の出演映画をすべて見ているのに，興味がないという素振りを見せ，演劇のほうが映画よりよいという発言さえする。もちろんキャシーはその後，ドンと共にトーキーのミュージカル映画で大成功を収めていくのだから，このときの台詞は『雨に唄えば』の主要なメッセージではないが，トーキー登場時の演劇と映画の力関係を描いている。そしてこの映画において演劇の台詞と結びついているのはイギリス英語の発音なのである。

　このように『雨に唄えば』では，トーキーに出演する俳優たちがイギリス英語的な英語を話すように発音指導を受けている様子が描かれている。

4.2.3.　ブロードウェイの演劇界を描いた『イヴの総て』

　『イヴの総て』はアメリカの演劇界を舞台にしており，主人公のイヴや，映画冒頭にナレーションが入る演劇評論家，ブロードウェイの大物俳優が間大西洋アクセントを使っている。母音のあとの r が発音されず，母音に挟まれた /t/ が無声破裂音としてはっきり発音され，not の母音は [ɒ] である。(4) の演劇評論家の台詞では neither の最初の母音はアメリカ英語的な [iː] ではなくイギリス英語的に [aɪ] と発音される。

(4)　My native habitat is the theater. In it I toil <u>not</u>. <u>Neither</u> do I spin. I am a critic and commentator.

(0:02:45)

　　（劇場は我が家です。そのなかで私は力仕事をするわけではありません。踊るわけでもありません。私は批評家，評論家です。）

なお，either や neither の母音については，今日アメリカ英語話者，イギリス話者の中にはいずれも，[iː] および [aɪ] の両方が存在するが (Wells (2008: 265))，一般に [aɪ] の発音がイギリス英語的だと受け止められる。

　さて，『イヴの総て』において主人公イヴは女優として舞台に立つ以前から常に間大西洋アクセントを使っている。マーゴは初対面のときからそうしたイヴの話し方に着目し，恋人に向かってイヴの発音をからかうように真似てみせる。

(5)　Did she tell you about the <u>theater</u> and what it meant?

(0:25:30)

> （彼女はあなたに劇場の話をした？　それが何を意味するか
> を？）

という台詞の theater の部分がイヴの発音を真似ている箇所で，
語尾の弱母音を短くして r を発音しない発音はイギリス英語的
である。マーゴはそれに続く台詞では母音のあとの r を発音す
る自分自身の話し方に戻っている。

　マーゴはアクセントに敏感なベテラン女優として描かれてお
り，他にも

> (6)　We was more starved out, you might say …　(0:10:34)
> （私たちはむしろ兵糧攻めされた，と言えるかもしれない。）

という台詞を more starved の母音を長く伸ばしながら楽屋で披
露する場面がある。アメリカ南部出身の記者からインタビューを
受けたところだと言い，南部の非標準的な文法（We was）を繰
り返しながら，発音も誇張して真似ているのである。マーゴがイ
ヴの発音を真似る様子は，田舎から出てきたばかりの演劇ファン
という風情のイヴが，芝居がかった間大西洋アクセントで話すこ
とをからかっているようにも思われる。

4.3.　社会的権威を表す間大西洋アクセント

4.3.1.　キューカーの回想

　1930 年代から 50 年代までのアメリカ映画では間大西洋アク
セントは社会的地位や権威を表すアクセントとしても用いられ
た。

　ブロードウェイの舞台監督からハリウッドの映画監督に転身したジョージ・キューカー（George Cukor）は1970年のインタビューのなかで『椿姫』（*Camille*, 1936）製作時を振り返って次のように語っている。

(7)　Today it's almost impossible to make period pictures because not enough actors know how to talk.　They have to get English actors to play American parts of any distinction, and that's awfully sad.　There used to be a kind of international speech in American films, unaccented because a local accent is intrusive.

(Lambert（1973: 109））

　　（今日では時代劇映画を作るのはほとんど不可能だ。話し方を知っている俳優が足りないからだ。社会的地位のあるアメリカ人の役を演じさせるためにイギリス人俳優を見つけなければならず，それはとても悲しいことだ。かつてのアメリカ映画にはある種の国際的な話し方があった。特定の土地のアクセントは邪魔になるから訛りがない話し方である …。）

キューカーがここで，かつてのアメリカ映画にあった「ある種の国際的な話し方」と呼んでいるものは，間大西洋アクセントを用いた話し方のことであろう。

4.3.2.　『ローマの休日』の「ニュース速報」

　『ローマの休日』の冒頭で流れるパラマウントニュースのニュース速報も間大西洋アクセントの一例である。アメリカ英語のなかに随所にイギリス英語的な発音が混じっている。

(8) Paramount [1]News brings you a special coverage of Princess Ann's visit to London. The first [2]stop on her much publicized goodwill tour of European capitals. She gets a royal welcome from the British, as thousands [3]cheer the gracious young [4]member of one of Europe's oldest ruling families. After three days of continuous activity and a visit to [5]Buckingham Palace, Ann flew to Amsterdam, where Her Royal Highness dedicated the new international aid building and christened an ocean [6]liner. (0:01:40)

（パラマウントニュースが，アン王女のロンドン訪問について お伝えいたします。ロンドンは，大きな話題となっているア ン女王のヨーロッパ諸国首都歴訪親善旅行の最初の滞在地で す。何千人ものイギリス国民が，ヨーロッパでも非常に由緒 ある王室の麗しい王女を歓迎の声で迎えました。アン王女は， 三日間のさまざまな活動およびバッキンガム宮殿訪問を終え られ，アムステルダムへ飛行機で移動されました。アムステ ルダムでは新しい国際援助施設を寄贈し，遠洋船の進水式に 立ち会われました。）

アメリカ英語的なのは，下線部 [1] の News が [nuːz] であると ころ，下線部 [5] の Buckingham の h が発音されているところ， 下線部 [6] の liner の語末の r が発音されているところである。 一方イギリス英語的なのは，母音のあとの r が liner を除いては ほとんど発音されていないところでの下線部 [3] cheer, [4] member などでは特に顕著である。下線部 [2] の stop の母音は

イギリス英語的な [ɒ] でありアメリカ英語的な [ɑ] ではない。

　アン王女や王女に仕える伯爵夫人，侍従などはイギリス標準英語を話す。一方，アメリカの新聞社の特派員ジョーは早口の鼻音の響くアメリカ英語を話す。ニュース速報の英語は，そのどちらとも異なる。

　このニュース速報は，当時の実際のニュースを真似たものである。そしてニュースという社会的影響力のある媒体で間大西洋アクセントが用いられていたのは，イギリス標準英語（容認発音）が持っていた権威を反映してのことであった。

4.3.3.　『西部戦線異状なし』と古典教師のイギリス英語

　『西部戦線異状なし』ではイギリス標準英語や間大西洋アクセントが極めて効果的に用いられている。

　第一次世界大戦に出陣したドイツの青年兵士を描いたこの映画では主人公ポールや彼と共に志願して戦地に赴く級友たちは，アメリカ英語のアクセントで話す。一方で，ギムナジウムの古典教師カントレックはイギリス標準英語のアクセントで（9）のように愛国心を説き，祖国のために戦うように熱弁をふるう。

(9)　You are the life of the fatherland, you boys. You are
　　the iron men of Germany.　　　　　　　　(0:04:37)
　　（君たちは祖国の命だ。君たちはドイツの鉄の男たちだ。）

カントレックを演じる俳優はイギリス人である。

　映画の後半で休暇を得て帰郷するポールを迎えたのは，戦い続けるように若者に説く父やその知人の大人たちであった。

(10)　But we know how to honor the soldier who goes on
　　　in spite of blood and death.　Gentlemen, my son.

(1:50:38)

（しかし私たちは血や死をものともせずに進む兵士たちを称え
る術を知っている。皆さん，私の息子です。）

と言って息子を知人たちに紹介するポールの父や，それに答える
知人男性たちの愛国的，好戦的な台詞は間大西洋アクセントであ
る。これに対して反論を試みるポールの

(11)　When you get in it, the war isn't the way it looks
　　　back here.　　　　　　　　　　　　　　　(1:52:05)
　　　（実際に行ってみると，戦争はここで見えているのとは違うん
　　　です。）

はアメリカ英語のアクセント（get in の t が有声音で，war の r
を発音するなど）で話される。
　このように教師や父親，その知人の大人達がイギリス英語のア
クセントまたは間大西洋アクセントで話し，若者たちはアメリカ
英語で話す。これは単に長幼や師弟関係といった社会的上下，権
威・権力の有無に対応しているだけではない。この映画を見る観
客は主人公たち若者に感情移入し，彼らを戦場に送りこむ教師や
大人たちを批判的な目で見るであろう。教師たちはいわば敵役で
あり，そこにイギリス英語，または間大西洋アクセントが使われ
ているのである。アメリカ映画においてイギリス標準英語が悪役
の英語として使われることは今日珍しくないが（Lindsey (2019:
3))，ハリウッド映画の歴史を遡ると最初期のトーキーで既にそ

の例が見られることになる。

4.4.　非英語圏という設定を示す間大西洋アクセント

　英語圏以外を舞台にした映画が英語で製作されるときに，間大西洋アクセントが使用されることも多い。前節でとりあげた『西部戦線異状なし』の舞台はドイツで登場人物はドイツ人であるが，アメリカ英語，イギリス英語，または間大西洋アクセントを使用している。Crafton (1997: 463) は，彼らの英語にドイツ語訛りがなかったことに対する観客の批判はほとんどなかったと述べている。

　『グランド・ホテル』(1932) もドイツ，ベルリンが舞台である。登場人物の大半はドイツ人という設定であるが，多くは間大西洋アクセントで話しており，イギリス英語的な発音が随所で使われた。

　余命が短いことを告げられグランド・ホテルでの時間を楽しもうとする老人クリンゲラインの台詞（12）は，not の母音が [ɒ] である。

(12)　You think you have free license to be insulting?　Believe me, you have not.　　　　　　　　　　　　　(1:10:27)
　　　（あなたは自分には人を侮辱する資格があると思っているのですか。いいですか，そんなものありませんよ。）

ここでは文法的にも have の否定が you don't ではなく you have not とイギリス英語的になっている。

　また速記秘書フレムヒェンは suit を [sjuːt] と発音しており，

自称男爵のガイゲルンは neither の第 1 音節の母音に [iː] ではなく [ɑɪ] を使っている。前述のように，either や neither で [ɑɪ] を用いることはアメリカ英語でもあるが，この音はイギリス英語の指標として認識されることが多く，この映画の中でもそのように用いられている。

　クリンゲラインを侮辱しフレムヒェンを口説こうとするビジネスマンのプライシングはこの映画における悪役である。彼を「ドイツ語訛りの英語を話す唯一の登場人物」と設定したのはプロデューサーだった（Shatz（2015: 110））。実際にはプライシングの英語は典型的なドイツ語訛りの英語とも異なり，むしろイタリア語訛り的である。いずれにしても，他の人物が間大西洋アクセントで話しているのに対して，悪役プライシングだけが外国語訛りの英語を話していることは，トーキーの初期から英語の訛りが登場人物のキャラクター付けに利用されていることを示している。

4.5.　間大西洋アクセント使用の減少と存続

　間大西洋アクセントのアメリカ映画での使用は，1960 年代に急速に減少した。原因は複合的である。ハリウッドのスタジオシステムの凋落と共に，スタジオの俳優，監督，脚本家に対する支配が緩和されたからだという指摘がある（Queen（2015: 241））。その結果 1960 年代，70 年代にはより口語的でインフォーマルかつリアルな台詞の映画が好まれるようになった。これは録音技術が進歩し，複数話者の台詞が重複して録音再生できるようになったこととも関連する。さらに 30 年代から施行されていた自主規制のためのプロダクション・コードが次第に形骸化し，1968 年

に完全に廃止されたことも，映画の台詞に大きな影響を与えた（Kozloff (2000: 22-23)）。

　口語的でインフォーマルかつリアルな英語の聞き取りは，非母語話者にとって難易度が高い。本章冒頭で述べた「昔のアメリカ映画は英語が聞き取りやすい」は裏を返せば，より新しい映画の口語的な英語は聞き取りにくいということである。映画の台詞は時代と共にさらに変化し，90年代以後は，世界のさまざまな英語のアクセントをより現実に近い形で使用することも意識されるようにもなってきた（山口 (2013: 85)）。

　しかしながら21世紀になっても，アメリカ映画における間大西洋アクセントの使用が皆無になったわけではない。非英語圏が舞台の映画やSF映画，そして20世紀前半を舞台にした映画での使用は今日も見られる（Queen (2015: 214-2)）。間大西洋アクセントは既にレジスター化しており，これまでそれが使用された映画やその背景への連想を誘いながら，新たな映画で使用されているのである。

第5章　トーキーの登場とサイレント映画スターの命運

5.1.　はじめに

　トーキーが登場したとき，製作会社は多くのサイレント映画スターと契約を交わしていた。サイレント映画スターは当然のことながら，発声を伴う演技で観客や製作会社に選ばれているわけではない。映画に，音声による台詞が現れるようになると，サイレント映画スターのなかには，トーキーにうまく移行出来ない人も出てきた。

　本章では，英語を母語としないサイレント映画スターたちの「外国訛りのある英語」がトーキー移行時にどのように受け止められたか，彼らと契約をしていた映画製作会社（スタジオ）は彼らの英語をどのように扱ったかを，当時の新聞や雑誌記事を参照して論じる。主として用いるのは，『ロサンゼルス・タイムズ』紙（*The Los Angels Times*, *LAT*）である。

　外国訛りのある英語について，新聞記事などで取り上げられたのは以下のような点である。

　（i）　外国訛りのある俳優の英語は観客に通じるのか
　（ii）　外国訛りの英語は役柄にふさわしいか
　（iii）　外国訛りの英語は滑稽である
　（iv）　外国訛りの英語は非標準的綴り字で表せる
　（v）　俳優自身は外国訛りを直そうと努力している
　（vi）　外国訛りの英語は長所であり資産である

これらについてひとつずつ順にみていこう。

5.2. 「外国訛りのある英語は観客に通じるのか」

　外国訛りの英語が通じるのかどうかというのは，根本的に重要な問題であった。トーキーの収録技術がまだ完全ではなかった初期においては，誰のものであれ台詞が伝わるのかどうかは大きな関心事であった。次の記事がそれを伝えている。スペイン出身のアントニオ・モレノ（Antonio Moreno）主演の『ミッドナイト・タクシー』（*Midnight Taxi*, 1928）について述べている。なお，引用および対応する訳文の下線は筆者による強調で，本章の他の引用においても同様である。

　（1）　Its spoken dialogue, loud and unnatural in reproduction, rings with stilted accents, banal phrases .... Antonio Moreno, Helene Costello, Myrna Loy, William Russell, Bobby Agnew and Tom Dugan are the principals in the cast. The voices of all these, Miss Loy excepted, are heard—Russell and Dugan with most success in the naturalness of their intonations, but each

one clearly enough, if clarity is the chief desideratum.
Presumably, at this stage of the game, it is.

(*LAT*, Mon, Aug 27, 1928)

(話された台詞は，その再現において声が大きく不自然で，<u>ぎ
こちない訛り，凡庸な言葉遣い</u>が響いている。(略)。アント
ニオ・モレノ，ヘレン・コステロ，マーナ・ロイ，ウィリア
ム・ラッセル，ボビー・アグニュー，トム・ダガンが主要キャ
ストである。彼らの声は，ミス・ロイの声以外は皆聞こえた。
ラッセルとダガンのイントネーションが最も自然だったが，
<u>ほかの人も皆十分明瞭だった。はっきり聞こえることが最も
必要なものであるなら</u>。そして現段階ではそういうことなの
であろう。)

記事には「はっきり聞こえることが最も必要なこと」と明記され
ている。モレノ以外は，アメリカ出身の俳優で，声が聞こえな
かったとされているマーナ・ロイも英語母語話者である。1928
年の技術では，まだ訛り云々以前に技術的に音として聞こえるか
どうかが問題となっていた。

　なお，トーキー最初期の録音技術については，「訛りが消えた」
というような記事もある。音が未確認なので詳細は不明である
が，録音技術と関係があるかもしれない。

(2) Miss Goudal, who is French by birth and talks with
an accent, made talking sequences recently for "Wom-
an of the Pavements," a D. W. Griffith picture in
which she plays one of the important roles .... It was
believed that Miss Goudal's accent would register

through the sound device just as it does in her usual
speech.　The accent was quite in keeping with the
character she portrays that of a French woman.　How-
ever, when the sequence was played back, Griffith and
his staff, as well as Miss Goudal herself, were amazed
to find the accent almost entirely gone.

(LAT, Sun, Dec 16, 1928)

（ミス・グーダルは，フランス生まれで英語には訛りがある。
最近出演したＤ・Ｗ・グリフィス監督の『心の歌』では重要な
役を演じており，台詞を話す場面があった。（略）ミス・グー
ダルの訛りは，録音機器を通しても，通常話すときと同様に
伝わるだろうと思われていた。彼女が演じるのはフランス人
女性で，訛りはその役に合っていたのだ。しかしその場面を
再生してみると，グリフィスも，スタッフも，ミス・グーダ
ルも驚いたことに訛りがほぼ完全に消えていたのである。）

　同種の報告は『ロサンゼルス・タイムズ』1929 年 4 月 23 日の
記事にもある。イギリス人俳優レジナルド・デニー（Reginald
Denny）が，「マイクを通すと自分の声が完全にアメリカ化され
てしまい自分のイギリス訛りは録音の過程で失くなった。」(the
'mike' had completely Americanized my voice and all the Eng-
lish accent had been lost in recording.')　というのである。これ
も録音技術がよくなかったことが原因ではないかとも考えられ
る。

5.3. 「訛りの英語は役柄にふさわしいか」

外国人俳優の英語であれ，アメリカ人の英語であれ，話す英語の訛りと役柄が合っているかどうかは，しばしば論評の対象となった。役柄に合った訛りであるという肯定的な意見は，プロデューサーから宣伝の意図で出されることが多く，逆に，役柄に合わない訛りであるという否定的な意見は批判として出されることが多いのは，当然であろう。

否定的なものとしては，たとえば『ロサンゼルス・タイムズ』の「映画の方言が手に負えない」(Film Dialect Runs Rampant) という見出しの記事がその一例である。記事を書いているイギリス人記者アルマ・ウィテカー（Alma Whitaker）はトーキーの英語についてのコラムが多い。

(3)　A facile tounge is valuable in more ways than one in these very talkie days .... for dialects run rampant through ever so many pictures .... Of course, Greta Garobo's Swedish accent in "Anna Christie" is natural, and Greta will have to be cast for roles permitting of this accent for some time, until she can banish it.

(LAT, Sun, Apr 27, 1930)

（今日のようにトーキーが大人気の日々にあっては滑らかな舌はいろいろな意味で貴重である。というのも，多くの映画で方言が手に負えない状態になっているからである。（略）もちろん，グレタ・ガルボの『アンナ・クリスティ』のスウェーデン訛りは自然である。そしてグレタは，訛りを消せるまでは，

しばらくのあいだこの訛りが許される役にキャスティングされなければならない。）

この記事の見出しや本文で用いられる「手に負えない」(rampant) という語に，記者がトーキーの方言，訛りについて不満を持っていることが如実に表れている。「滑らかな舌」(facile tongue) とは，方言，訛りを器用に切り替えられる俳優のことを指している。

　スウェーデン生まれのグレタ・ガルボはスウェーデン訛りがふさわしい役柄に限るべきだという見解は，訛りと役柄の合致を重視する見方を示している。『アンナ・クリスティ』はハリウッドのサイレント映画で活躍していたガルボの初めてのトーキー出演作で，「ガルボがしゃべる！」(Garbo talks!) と大々的に宣伝された。(3) ではそのガルボの英語を論評しているのである。なおガルボは 4 章 2 節で扱った『グランド・ホテル』ではロシア人バレリーナを演じている。

　なお (3) の記事のなかで記者は，英語母語話者俳優が話す外国訛りの英語は高く評価しており，「後から身につけた外国訛りのほうがリアルな外国訛りよりよいことが多い」(Acquired Foreign Accents Often Better Than Real) と書いている。アメリカ生まれのゲイリー・クーパー (Gary Cooper) のスコットランド訛りの英語や，同じくアメリカ生まれのルース・チャタトン (Ruth Chatterton) のドイツ語訛りの英語などを絶賛しており，外国人俳優の英語に対する見方との非対称性を感じさせる。

　訛りについては役に合致しているかどうかが大事だというのは，もちろん外国人俳優だけに言われることではない。たとえば，次のジョニー・マック・ブラウン (Johnny Mack Brown)

についての記事も英語母語話者であるがこの点に触れている。

(4) Johnny Mack Brown who hasn't an accent, but a good
old-fashioned southern drawl was recently chosen for
a lead part in a picture just because of his ability to
drawl and drop his g's. It had been said previously
that Johnny wouldn't have a chance in talkies until he
dropped his drawl.   (*LAT*, Sun, Jan 27, 1929)

（ジョニー・マック・ブラウンには訛りはないが，昔ながらの
サザンドロール〔母音引き伸ばし〕を持つ。彼はまさにサザン
ドロールや g を落とす話し方ができるという理由で，最近あ
る映画の主役に選ばれた。以前は，ジョニーは母音を引き伸
ばすのをやめない限り，トーキーでは望みはないと言われて
いたのだった。）

この俳優は母音を引き伸ばす南部特有の話し方をするが，それで
も「訛りはない」と評されているところが興味深い。

　一方で，外国人俳優の訛りが役柄にふさわしいことをプラスに
評価する記事も多く，特にプロデューサー側から見た記事が目に
つく。

(5) "Oui, M'sieu" of Player is Sudden Asset
Germaine Giroux, the vivacious French beauty, who
plays one of William Courtenay's assistants in "The
Spider," now nearing the end of its run at the Belasco
Theater, has the true Parisian accent that is now in de-
mand by one of the producers of talking motion pic-

tures. ... She was to be engaged for her looks. Now comes a producer of talkies, who is to do a story, the scenes of which are laid in Paris, and <u>seeks to secure Germaine's accent for the screen,</u> and Germain herself to teach French diction to several of the other players.

(*LAT*, Tue, Jul 31, 1928)

（俳優の「ウィ，ムッシュ」が突然資産に

ジェルマン・ジルーは快活なフランス美人で，『蜘蛛』ではウィリアム・コートニーのアシスタントの一人を演じる。この芝居はベラスコ・シアターで終了間近である。彼女は真のパリっ子の訛りを持っている。これこそがトーキーのプロデューサーたちが求めていることなのだ。（略）彼女はその外見のために契約を結ぶことになっていた。しかしトーキーのプロデューサーが来て，パリを舞台にした劇映画を作るので，<u>ジェルマンの訛りをその映画にぜひ使いたい</u>と言い，ジェルマンに他の俳優にフランス語の台詞回しを教えてほしいと望んでいるのだ。）

　ここで伝えられるのは，フランス語訛りの英語を求めるプロデューサーの話である。フランス語母語話者についての記事であることを見出しでは，「『ウィ，ムッシュ』が突然資産に」と英語話者にも馴染みのあるきわめて平易なフランス語「ウィ，ムッシュ」（はい，旦那様）を使って表している。

　なお，興味深いことにここで取り上げられているジルーはケベック州生まれのフランス語話者でパリ育ちではないが，記事ではそれには触れずに，フランス語訛りの英語をパリに結びつけて

いる。

5.4. 「外国訛りの英語は滑稽である」

外国訛りを滑稽であると言い切る記事は多くない。しかし，(3)で紹介したアルマ・ウィテカーはそのように言い切っている。

 (6) The situation is so much more difficult for the male foreigner … for an accent is not piquant or attractive on the male. It is even apt to make him seem effeminate and more often comical. I advised Victor Varconi for instance, to get out of it. (*LAT*, Sun, Aug 25, 1929)
  （状況は外国人の男優にとってはさらに厳しい。というのも，男性の訛りというのは刺激的でも魅力的でもないからだ。訛りがあると男性は女性的に見えたり，しばしば滑稽に見えたりする。私はたとえばヴィクター・ヴァルコニには訛りを直すようにアドバイスした。）

男性俳優の外国訛りは「刺激的でも魅力的でもな」く，「女性的」で「滑稽に見え」るというコメントは，ハリウッド映画がアメリカ英語を話す男性俳優を中心に据え，女性や外国人を従属的・副次的なものと捉えている構造を映している。

5.5. 「外国訛りの英語は非標準的綴り字で表せる」

外国訛りを非常にわかりやすく表すのが，表音綴り字の使用である。標準的な発音と異なることを，非標準的な綴りで示唆する

のである。

　たとえば，スペイン生まれの俳優アントニオ・モレノが自分の最初のトーキー『ミッドナイト・タクシー』を初めて見たときの感想を語ったという記事を見てみよう。書き手は上記の例（3）や（6）と同じ，アルマ・ウィテカーである。

>　(7)　"I wouldn't believe it was my voice at first, but Jack Warner assured me it was.　He said I rolled my 'r's' too much, that <u>I said thrrrrough, instead of through.</u> But Europeans all roll their 'r's' don't they?" he asks appealingly.　　　　　　　　　　　　(*LAT*, Sun, Aug 26, 1928)
>
>　（「私はそれが自分の声だと最初信じられませんでしたが，ジャック・ワーナーがそうだと請け合いました。そして私が r の音を巻き舌で発音しすぎだと言いましたよ。<u>「スルー」というところを「スルルルー」と発音している</u>ってね。しかしヨーロッパ人は皆，r は巻き舌にするんじゃありませんか？」と彼は訴えるように尋ねる。）

記者はこの引用のあと，幼い頃に巻き舌の練習として，"rrround and rrround the rrragged rrrock the rrragged urchin rrran." と言わされたことを書いている。巻き舌音を表記するのに，r を繰り返す表記を用いている。

　標準的ではないことを示すだけでなく，差異を強調するときにも，表音綴り字は用いられる。たとえば次の記事は，舞台俳優がトーキーに出演するときに，舞台での発声法を修正する必要があると述べた記事である。

(8)　Seeing these Lasky pictures impressed me with one fact: That the stage actor will have more to learn in the talkies than the film actor.　Rather, to unlearn.　Stage acting has been a thing of accepted conventions that are largely made up of agreed-upon affectations.　These boys and girls who say "Nev-ah, nev-ah" can't get by with it on the screen.　When the words come from a close-up seven or eight feet wide, the slightest affectation becomes ridiculous and intolerable.　The lines of a talkie will have to be delivered with the utmost simplicity and naturalness.　　　　　　　　　　　(*LAT*, Sun, Aug 19, 1928)

（ラスキー製作のこれらの映画を見ているとひとつの事実に気づく。トーキーでは舞台俳優は映画俳優よりも多くを学ばねばならないということである。いやむしろ，学んだことを忘れなければならないことが多い。舞台での演技は，合意されたわざとらしさから大部分が成り立つ公認のしきたりのようなものであった。男優も女優も，「ネバアー，ネバアー」と発音しているようでは，映画では通用しない。7，8フィート〔2〜2.4メートル〕の幅があるスクリーンでクローズアップされたところから言葉が聞こえてくるときには，些細なわざとらしさも，滑稽で耐えられないものとなる。トーキーの台詞は，きわめて簡潔にそして自然に発せられなければならないだろう。）

　これは外国人俳優の外国訛りを強調しているのではなく，舞台俳優が自然な発話では弱母音化する語末の母音を長母音にしていることを強調して ah と表記したものである。なお，ah と記す

ことで母音のあとの r が発音されていないことがわかる。これ
は当時の舞台俳優の発声がイギリス英語寄りであったことを示す
ものである。(ラスキーについては本章 7 節参照。)

　ただし表音綴り字の表記は必ずしも一定ではない。たとえば
(9) は映画ではなく芝居について記したものであるが、ロバー
ト・シャーウッド (Robert Sherwood) の『ローマへの道』(*The
Road to Rome*) でギリシャ人奴隷を演じた女優の英語が、奴隷
らしくなく「リッツ風であった」、つまり優雅であることを批判
的に書いたものである。

(9)　She was the Ritziest slave girl ever tied up.　She said
　　　cawn't and rawther.　I was bitterly disappointed when
　　　Hannibal decided not to kill her.

　　　　　　　　　　　　　　　　　　　　(*LAT*, Sun, Sep 2, 1928)

　　　(彼女は捕われた少女奴隷のなかではもっともリッツ風であっ
　　　た。カント、ラーザーと言ったのだ。私はハンニバルが彼
　　　女を殺さなくてがっかりした。)

cawn't と綴ることでアメリカ英語の [æ] を使わずにイギリス英
語の [ɑː] であったことを記しているのであろうが、一般に予想
される ah という綴りではなく aw を用いている。rawther も同
じである。

　イギリスの月刊映画雑誌『ピクチャー・ゴーアー』(*Picturego-
er*) には、外国訛りを著す表音綴り字の使用が著しく多い記事が
載った。メキシコ人女優ドロレス・デル・リオ (Dolores del
Rio) のロンドン滞在時のインタビュー記事である。記者は「黒
い瞳はどこか遠くをみるような表情を見せ、一度ならず私は、彼

女が私を見ているのではなく私を通してその後ろを見ているのではないかという奇妙な感覚を持った」と女優の魅力について縷々述べたあとで，インタビュー内容を直接話法で引用する。そこでメキシコ出身の女優のスペイン語訛りを映すために表音綴りが使われた。

(10) "But now eet will be deeferent," she told me, in her delightful Spanish-American accent .... "Carmen, that I made for Fox, that was a terribl' film. But zey would not lissen to me. I tell zem I know ze right customs amons' Spanish people, but zey said, 'we do not make zis for ze Spanish people, but for ze Americans.'"

(*Picturegoer*, 1 October 1928)

（「でも状況は変わるのよ」と彼女は，私に感じの良いスペイン系アメリカ人の訛りで語った。(略)「カルメンは，フォックス社の映画だけれど，ひどい映画だったわ。でも私のいうことを聞いてくれなかった。自分はスペイン人たちの正しい習慣を知っていると話したのだけれど，あのひとたちは「これはスペインの人たちのための映画ではなくてアメリカ人のための映画だから」と言いました」）

ここで it が eet と綴られ，different が deeferent と綴られているのは，短母音が長母音で発音されていることを示している。また，with が wiz なのは th の音が z になっていることで，これは一，二か所だけでなく，インタビュー全体を通して，the が ze, they が zey, there が zere などと記されている。子音 g や t が発音されていないことを示唆するように，amons' アポストロ

フィで置き換えられている。

　次のやり取りなどは，ドロレスがスペイン語訛りがあるので
トーキーを嫌っていることをほのめかしているようである。

(11)　"Do you think you will make a 'talkie' any time in
　　　the near future?" I asked her. "I <u>nevair</u> will. I <u>sink</u>
　　　<u>zey</u> are <u>terribl'</u>!" She was most emphatic. "Do you
　　　know, <u>zere</u> is not one director or star in Hollywood
　　　who really likes <u>ze</u> talkies."

　　　（あなたは近い将来に「トーキー」を作りますか。「絶対ありま
　　　せん。トーキーはひどいと思うわ！」彼女は熱心に言った。
　　　「ハリウッドには本当にトーキーが好きな監督なんて一人もい
　　　ないこと，ご存じ？」）

記者がここで自分の質問と対照させるかのように，ドロレスの英
語の never の代わりに nevair，think の代わりに sink を使って
いるのは (10) と同じである。一方，terrible を，語末の黙字の
e をアポストロフィーに置き換えて terribl' と綴っても，表す音
は変わらない。(10) の listen を lissen と綴っているのも同様で
ある。明らかに悪意の感じられる失礼な表記法に思われる。

5.6.　「訛りを直す努力」

　外国人俳優が，「訛りを直す」努力をしているという話題もよ
く取り上げられた。(12) はハンガリー出身のヴィクター・ヴァ
ルコニ（Victor Varconi）について，(13) はデンマーク出身の
ジャン・ハーショルト（Jean Hersholt）についての記事である。

(12) Accents must go, thinks Varconi .... "<u>My accent? Yes, I must lose it.</u> Perhaps in some parts it would be good to have it. In others, no. In the majority of cases, no." (*LAT*, Sun, Jan 27, 1929)

（訛りは消さなければならないとヴァルコニは考えている。（略）「<u>私の訛りですか？ ええ失くさなければいけないよ。</u>訛りのあったほうがいい役もあるだろうけれど。そうでない役もある。大抵の場合，だめなんだよ」）

(13) Jean Hersholt is memorizing Shakespeare and other English classics <u>in order to rid himslf of the accent which has clung to his toungue despite his years in this country.</u> (*LAT*, Sun, Jan 20, 1929)

（ジャン・ハーショルトはシェイクスピアやそのほかのイギリスの古典を暗唱して，<u>何年もこの国にいるのに舌に張り付いて離れない訛りを取り除こうとしている。</u>）

外国訛りも役柄に合っていればよいというプラス評価がある一方で，俳優自身はアメリカ英語に近づこうと努力していたこと，または，そういう姿を見せることが大事だったことが窺える。

5.7.「訛りは長所であり資産である」

　外国訛りはチャーミング（charming）であり，資産（asset）であるという言説は思いのほか多い。これは役柄に合っているか，という視点とも関連しているが，それだけにとどまらず，俳優の演技の幅を広げるものとして積極的に評価する言説である。プロ

デューサーからの宣伝めいたものも多い。パラマウントのプロ
デューサー，ジェシー・L・ラスキー（Jesse L. Lasky）の発言は
その例である。

(14)　"Their foreign accents," [Jesse L. Lasky] declared,
　　　"will not bar Enropean players from the talking pic-
　　　tures.　On the other hand, we have found that accents
　　　in many cases emphasize the charm of the player."
　　　The producer cited the Russian actress, Baclanova, in
　　　"The Wolf of Wall Street," and Maurice Chevalier in
　　　"Innocents of Paris," as bearing out his ideas, adding
　　　that the quality of Jannings's voice is such that it is
　　　sure to prove an asset;　　　　　(*LAT*, Wed, Mar 20, 1929)
　　　（「ヨーロッパの俳優は外国訛りが障壁でトーキーに出られな
　　　いということはありません」とラスキーは言った。「逆に，多
　　　くの場合訛りは俳優の魅力を強調することがわかったので
　　　す。」このプロデューサーは，ロシアの女優，バクラノヴァの
　　　『ウォール街の狼』の例や，『レビューのパリっ子』のモーリ
　　　ス・シュヴァリエが自身の考えを体現している例だとして挙
　　　げた。そして，ヤニングスの声の質は確かに資産になるだろ
　　　うと付け加えた。）

次はドイツの作家カール・フォルメーラー（Karl Volmoeller）の
発言である。

(15)　The foreign actor makes a mistake to leave Holly-
　　　wood on account of the talkies.　The foreign actor

who has great difficulty to adapt himself to the stage
might be perfect in the talkies. Accent gives anyone
color and personality. In a story of international char-
acter, an actor with an accent would be an asset.
Players such as Emil Jannings, Dolores del Rio and
Greta Garbo should be used by all means.

Jannings has his most marvelous moments on the
stage when his voice gets so low that you can only
tell he is speaking by the motion of his lips. In talk-
ing pictures we could move the microphone nearer to
the actor and get a close-up of his faintest whisper.
That would be marvelous. It would make no differ-
ence whether he spoke German or English, or had or
hadn't an accent. What do we care about words? It
is the feeling, the dynamic power of the sound, that
we want.   (*LAT*, Tue, Apr 23, 1929)

（外国の俳優がトーキーが理由でハリウッドを去るというのは
間違いである。舞台に適応するのが難しい外国の俳優もトー
キーでは完璧かもしれない。訛りは誰にでも個性とパーソナ
リティを与える。国際的な話の場合，訛りのある俳優は資産
になるだろう。エミール・ヤニングス，ドロレス・デル・リオ，
グレタ・ガルボなどの俳優はぜひとも起用されるべきである。

　ヤニングスが舞台でもっともすばらしい瞬間には，彼の声
は低すぎて彼が話しているということは唇の動きからわかる
だけである。トーキーではマイクを俳優にもっと近づけて，
もっとも小さなささやきさえもクローズアップで拾うことが

できる。それは素晴らしいことだろう。俳優が話しているの
がドイツ語であろうと英語であろうと，訛りがあろうがなか
ろうが，関係ない。言葉など誰が気にするだろう？ 私たちが
欲しいのは音のダイナミックな力，感覚なのである。)

このフォルメーラーの発言は，1か月前のラスキーの発言である
(14) と驚くほど似通っている。また (15) の記事はラスキーが映
像と音を同期するトーキーの技術について述べた記事の隣に掲載
されている。この時期にトーキーの魅力が繰り返し伝えられてい
る様子が窺える。「訛りは資産」もその一環として多用される言い
回しである。もう一例挙げておこう。同じ年の12月のものである。

(16) In many cases, a slight foreign twang is proving to be
an invaluable asset. When Alan Crosland cast about
for players to support John Barrymore in "General
Crack," the all-talking Vitaphone special now at War-
ner Brothers' Hollywood Theater, a foreign accent
was one requirement for the prospective candidates.

(*LAT*, Sun, Dec 29, 1929)

(多くの場合，かすかな外国訛りは計り知れない資産であるこ
とが証明されている。アラン・クロスランドが『クラック将
軍』でジョン・バリモアと共演する俳優をキャスティングした
ときには，外国訛りを持っていることが候補者の要件の一つで
あった。『クラック将軍』はヴァイタフォンの全トーキー映画
で，ワーナー・ブラザーズ・ハリウッド・シアターで上映中。)

アラン・クロスランドは第2章でとりあげたトーキー『ジャズ・

シンガー』の監督である。なお,「かすかな外国訛り」というように「かすかな」(slight) という形容詞がついているところにも留意しておきたい。外国訛りはあくまでも,観客の理解を妨げない範囲,また次の例が示すような「チャーミング」と呼べる範囲のものである必要があった。

(17)　Some of the foreign contingent in Hollywood have maintained that an accent, if not too pronounced, will help shade an actor's character, give color and personality to his delineation.　<u>An accent, they have said, can be very charming and add much to the delightful qualities of an individual's manner and screen presence.</u>
　　　　　　　　　　　　　　　　　(*LAT*, Sun, Jan 27, 1929)
（ハリウッドの外国関係者には訛りは際立ちすぎない場合には,俳優のキャラクターに濃淡をつけたり,その輪郭に個性やパーソナリティを与えたりするだろうと主張してきた人もいる。<u>訛りというのは,大変チャーミングなものになり得るし,個人の様子や画面での存在感の感じのよさを大いに際立たせたりすると言うのだ</u>。）

　「チャーミング」が使われる別の例を見ておこう。フランスの女優・歌手イレーヌ・ボルドーニ (Irène Bordoni) がブロードウェイの人気ミュージカル『パリ』(*Paris*) のトーキー版にも出演を承諾したことを紹介する記事である。

(18)　Miss Bordoni brings to the screen all the chic and daring of her stage characterizations.　<u>Her charming</u>

French accent is heard.　　　　　(*LAT*, Sun, Dec 29, 1929)

（ミス・ボルドーニは舞台で培ったシックで大胆な役作りをすべて映画のスクリーンにもたらす。彼女のチャーミングなフランス訛りが聞かれる。）

　（17）や本章5節の（12）の「気持ちのいい」（delightful）や（17）や（18）の「魅力的な」（charming）という形容詞は訛りについて語るときにしばしば用いられるものであるが，これは「訛りはあるが耐えられるものだ」という恩着せがましい態度を表しているようにも思われる。

5.8.　トーキーにふさわしい英語の模索

　外国訛りの英語をめぐる言説は，トーキーに適した英語，ふさわしい英語像の模索のなかの一面でもある。第4章2節で紹介したようにアメリカ映画における1926年から1931年までのサイレントからトーキーへの移行期を研究したCrafton（1999: 447）は，トーキーの声への評価が，三段階を経て変化したと述べた。第一に，演劇舞台のようなクオリティの声，次に，親しみやすく，ナチュラルな声，そして最後に，明瞭で聞き取りやすいが日常会話の自然さも感じさせる声という変化である。

　英語を母語としない外国の俳優の外国訛りの英語は，正統な舞台で使われるような英語でもなければ，いわゆる自然なアメリカ英語ともいえない。次の例（19）や（20）にもあるように「ブロークン・イングリッシュ」「ピジンイングリッシュ」というような言い方さえされた。

(19) Accents Now Selling Draw. <u>Broken English</u> Suddenly All the Rave. For some reason the perverse American public loves its stars with foreign accents, although, of course, the accents aren't all of it.

(LAT, Tue, Jul 21, 1931)

（訛りが今引く手あまた。<u>ブロークン・イングリッシュ</u>が大流行。ひねくれもののアメリカ人たちは外国訛りがあるスターがなぜか大好き，もちろん訛りだけが理由ではないが。）

(20) Though Anna May Wong has a pure English accent, she is being told to practice a little <u>pidgin English</u> in private and we hear there is a likelihood that Sessue Hayakawa will sign a long-term contract with that organization.

（アンナ・メイ・ウォンは純粋な英語の訛りを備えているが，彼女は密かに<u>ピジンイングリッシュ</u>を少し練習しておくように言われている。早川雪舟も同じ事務所と長期契約を結びそうだと我々は聞いている。）

アンナ・メイ・ウォンはアメリカ生まれの中国系女優で，英語は彼女の母語であり，その発音はアメリカ英語母語話者のものである。しかし，映画で英語に中国語訛りがある役をするために「ピジンイングリッシュ」も練習しておくように言われたというのである。

本章3節で見たような外国訛りのある英語よりも，英語母語話者が外国訛りを真似たほうが自然であるという主張は，「自然な英語」と反するようにも思える。しかし，流暢さやアメリカの観客へのわかりやすさを重視するならばそのような考えに至るの

であろう。(21) は本章4節の (6) と同じ記事からの引用である
が，ここで記者はヤニングスの話す英語が流暢さを欠くことが欠
点であると指摘して，アメリカ人俳優が外国訛りを使ったほうが
よいと述べている。

(21)　I felt that, like Jannings, his accent would impair his
　　　art, for a lack of fluency in a language makes for self-
　　　consciousness, hesitation.　This is why I feel that even
　　　foreign characters, expected to speak English with an
　　　accent, are better played by American players.

　　　　　　　　　　　　　　　　　　　(*LAT*, Sun, Aug 25, 1929)

　　　（〔外国人俳優は〕ヤニングスのように，英語の流暢さに欠ける
　　　ために，自意識過剰になったりためらったりするので，訛り
　　　が演技を損なってしまうと感じた。だから私は，英語に訛り
　　　がある外国人の役でも，アメリカ人の俳優が演じたほうがよ
　　　いと考えている。）

　なおここで外国訛りを批判されているヤニングスは1929年の
5月，つまりこの記事が書かれる3か月前に第1回のアカデミー
賞で主演男優賞を受賞しており，文字通りハリウッドを代表する
俳優であった。

　トーキーにとってふさわしい英語の声とは何だったのかは，外
国訛りの英語にとどまらず他の要因も併せて考察すべき大きな問
いである。ここでは，(6) で訛りを直すように助言されたと書か
れたヴィクター・ヴァルコニが，一方で，外国人俳優に求められ
ているのは訛りではなく演技である，と述べていることも確認し
ておきたい。

(22) "The return of the foreign actor is not only a matter of wanting accents—it is a matter of wanting actors. The talkies have made people sense whether an actor knows and feels his lines, or whether he is just reciting them like a puppet. Even the finest, pedantic English will not carry him over if he cannot act .... The present rise of the older character actors," Varconi concluded, "bears out my contention that talk is not all that the people want. Whether foreign or domestic, the actors who will make good are those who can really act."   (*LAT*, Sun, Dec 21, 1930)

（「外国人俳優が帰ってくるのは，訛りが不足しているからだけではなくて，俳優が不足しているからである。トーキーによって人々は，俳優が台詞を理解して感情を込めているのか，人形劇の人形のように暗唱しているだけなのかに気付くようになった。俳優は非常に洗練された，学のありそうな英語を使っても，演技ができなければ伝えることはできない。」（略）「古くからの性格俳優が復活しているのは人々が求めているのは台詞だけではないという私の主張と一致している。外国の俳優であれ国内の俳優であれ，大事なのは本当に演技のできる俳優なのである。」とヴァルコニは結論づけた。）

5.9. 「訛りは資産」とハリウッドの海外戦略

最後に，「訛りは資産」がハリウッドのプロデューサーの言説として繰り返し現れる理由を考えてみよう。ひとつには，製作会

社がサイレント映画時代から，ヨーロッパの俳優をスカウトして
契約を結び，ハリウッド映画のスターにしてきた流れがある。ス
ウェーデンの女優グレタ・ガルボの大成功に続き，第二のガルボ
を探そうとプロデューサーたちはヨーロッパに足を運んだ。その
背景には，この時期のハリウッドを支えたひとたちが，東ヨー
ロッパからの移民であったこともある。

　そうして既に複数年契約，複数作品の映画出演契約を外国人俳
優と結んでいるところに，トーキーの時代が突然到来したのであ
る。プロデューサーも俳優も準備が整わないままトーキー製作を
することになった。サイレント映画で名前が知られていて人気が
あるスターを起用すること，また，「ガルボがしゃべる！」のよ
うに，サイレントのスターが初めてトーキーに出て声を披露する
ことを大きな宣伝文句にすることも，興行的戦略であった。こう
した構造は次の引用に端的に示されている。

(23)　Doubtless this will be the attitude of most of the pic-
　　　ture producers on Europeans, especially as these art-
　　　ists have already so strongly entrenched themselves in
　　　the popular favor that to dispense with them would
　　　mean a terrific loss not only in money tied up in the
　　　contracts, but in public approval.

　　　　　　　　　　　　　　　　(*LAT*, Wed, Mar 20, 1929)
　　（疑いもなくこれこそがヨーロッパ人についての大抵の映画プ
　　ロデューサーの態度であろう。特に彼らはこれまでに非常に
　　しっかりとファンの心の中に入り込んで人気を得ているので，
　　彼らを起用しないと契約金の大いなる損失となるだけでなく，

観客の賛同も得られなくなるのだ。)

　また，ヨーロッパへの映画輸出を考える際に，外国人俳優が出演していることで彼らの出身国での興行成績が期待できるという思惑もあった。サイレント映画からトーキーに移行することによって，言語的障壁が生じ，ハリウッド製作の英語映画の輸出に影響がでるのではないかという懸念はあった。[1] その懸念が，吹き替えや字幕という，今日も用いられる技術の開発と普及によって払拭されるまでの数年間は，複言語バージョンでの映画製作なども試みられた。

　外国訛りの英語に関する記事が新聞に多く載ったのと同じ時期に，複言語バージョンでの映画製作の話題も頻度は少ないが記事になっている。

(24)　Eventually, producers will prepare dialogue films in the majority of the standard foreign languages—French, Spanish, German, etc. The all-talking picture is here to stay and is rapidly forcing the part sound, part silent production from the market."

(*LAT*, Tue, Apr 23, 1929)

（最終的にはプロデューサー達は標準的な外国語の多くでトーキーを準備することになるだろう――フランス語，スペイン語，ドイツ語など。完全トーキーはこのまま残り，部分トーキーで部分サイレントという映画製作を市場から急速に追い出し

---

[1] ハリウッドの海外戦略については Thompson（1985），複言語バージョンについては北田（1997），板倉（2016）参照。

ている。）

(25) Now we have word that even Emil Jannings, who appeared at first a trifle indifferent, if reports are true, about learning English, but who has lately taken an intensive course in four languages, is to appear in an all-talking picture.　　　　　　　(*LAT*, Wed, Mar 20, 1929)
（当初英語を学ぶことにはあまり関心がないと報じられていたエミール・ヤニングスが──報道が正しいならばだが──最近では四か国語の短期集中コースを受講しており，また，完全トーキーに出演する予定だと言われている。）

プロデューサーたちは外国人俳優の訛りのある英語を「資産」としてハリウッドのトーキーに定着させ，アメリカの観客に受け入れさせようとする一方で，このように彼らを起用した他言語での映画製作も考えていた。複言語バージョン製作は字幕，吹き替え技術の定着とともに 1931 年以降急速に下火になる。大きな流れにはならなかったが，この時期には，エスペラント語のトーキーを作ることを提案する記事も現れている。[2] トーキー登場直後のハリウッドが経験したこのような混乱のなかで，外国訛りの英語は語られていた。

---

[2] "Esperant to Trail Talkies, Crepso Thinks"（*LAT*, Sun, Nov 18, 1928）や，"How'll They Talk In Europe? What Movie Speakies Have to Face Abroad: Esperanto Suggested as a Medium"（*LAT*, Sun, Aug 5, 1928）など。

第6章　トーキーの登場とイギリスの反応

6.1.　はじめに

　本章では大西洋の対岸に目を移して，ハリウッドのトーキーが
イギリスでどのように受け止められたか，特にトーキーから聞こ
えてくるアメリカ英語に対するイギリス人の反応，また，ハリ
ウッド映画がイギリス英語に与えた影響について考察する。

　1920年代，イギリスの映画製作はアメリカに大きく遅れを
とっていた。1927年にはイギリス国内映画産業をハリウッド映
画から保護するための映画法（Cinematograph Films Act）が制
定され，外国映画の上映を制限するクォーター制度が導入された
ほどである。

　ハリウッドはさらに先を行き，トーキー製作を始めていた。イ
ギリスの映画館でも1928年以降，ハリウッド製作のトーキーが
上映された。イギリスが独自のトーキーを製作するのは1929年
のことである。映画館でハリウッドのトーキーを見たイギリス人
たちは，アメリカ英語にどう反応したのだろうか。好奇心，興

味，反感などいろいろな思いがあったことだろう。彼らの反応を
表す具体的な言葉に注目し，1920年代末のイギリス人のアメリ
カ英語に対する言語態度，とりわけ映画のなかのアメリカ英語に
対する言語態度を見ていこう。

6.2. アメリカ映画がイギリス英語に与えた影響

まず，アメリカ映画がイギリス英語に与えた影響に関する研究
を概観しておこう。

「海外におけるアメリカ英語」を論じた Bailey (2001: 459) に
よるとアメリカに特有の語や語義を指す「アメリカニズム」
(Americanism) という語を最初に用いたのはジョン・ウィザー
スプーン (John Witherspoon) で1781年のことであった。しか
し，イギリスでアメリカ英語に対する「不安と敵意」が起こって
きたのは，19世紀以降であった。Bailey (2001: 493) はアメリ
カ映画の影響力を強調し，トーキー以前のサイレント映画の時代
から，字幕のなかのアメリカ映画はリンガフランカ (lingua
franca)，または，リンガカリフォルニカ (lingua californica) と
して流通していたと述べる。そして，「発声映画はさらにアメリカ
の言語的流行を大衆化し広げるのに貢献した」とも指摘している。

Bailey (2001) が映画の影響を論じる際に引用した研究のひと
つが，Foster (1955) の「標準英語への最近のアメリカの影響」
である。特にトーキーに言及しているのは次の箇所である。

(1) 1920年代末にトーキーが到来するまで，イギリスの大
    部分の住人は，アメリカの話し言葉にはなじみがなく，

　　アメリカの歌の録音か放送を聞くか，アメリカの有名
　　人の発言がマイクを通して伝えられるのを聞くくらい
　　であった。しかし，今やイギリスの若者たちは，映画
　　館でアメリカ英語の会話を何時間も聞き続け，特徴的
　　な文法，語彙，発音に慣れ親しんで育っているのであ
　　る。　　　　　　　　　　　　　　　　　(Foster (1955: 329))

　Foster (1955) は 1930 年代から 1950 年代までの 20 年間にお
けるアメリカ英語のステータスの変化の原因のひとつとしてトー
キーを挙げている。

　(2)　要するに，この 20 年の間にこの過程は非常に加速され
　　　　た。それはトーキーの発明及び，世界の政治的，経済
　　　　的重心がヨーロッパからアメリカに急速に移動したこ
　　　　とによる。アメリカ英語は，商業的，技術的な理由か
　　　　ら，それまでアメリカ英語に馴染みのなかった何百万
　　　　人もに押し付けられることとなった。より大事なこと
　　　　は，アメリカ英語が次第に「恥ずかしくない」(respect-
　　　　able) ものになってきた，つまり，イギリス英語の奇妙
　　　　な付属物とはみなされなくなってきた，ということな
　　　　のだ。　　　　　　　　　　　　　　　(Foster (1955: 329))

　フォスターは 1968 年に刊行した著書『変容する英語』(*The
Changing English Language*) においてもこの見方を繰り返して
いる。特に発音については，

　(3)　1930 年代の初めと言えば，アメリカのトーキーがまさ
　　　　に破竹の勢いで，本格的にイギリスに流入した時であ

る。　　　　　　　　　　　　　（フォスター（1973: 269））

と述べ，映画の影響力はラジオや蓄音機のレコードよりもはるか
に大きかったと指摘する。フォスターは続けて，イギリス人は，
映画を通して，後にはテレビを通してアメリカ英語に触れ続け，

> (4)　長年にわたって毎日その発音にさらされたため，自ず
> 　　　とそれが国民に浸透し，ついにアメリカ式の発音に対
> 　　　する抵抗が崩れ去ったのである。

（フォスター（1973: 269））

とも述べている。
　同様の指摘はメルヴィン・ブラッグ（Melvin Bragg）の『英語
の冒険』でもなされた。

> (5)　（アメリカ）映画がイギリスにやってくると，何百万人
> 　　　もの観客が押し寄せ，映画スターの髪型をまねたり，
> 　　　それと同じくらい熱心に，映画で使われている単語や
> 　　　表現を覚えて，アメリカ発音をまねたりした。国民投
> 　　　票をしたら圧倒的にアメリカ英語に軍配があがっただ
> 　　　ろう。わたしたちがまねをして大喜びしていたという
> 　　　事実が，アメリカ英語への賛辞だった。もちろん非難
> 　　　の声もあがった。「二十年前にはイギリス人はだれも
> 　　　start in だとか start out（ともに"とりかかる"）だとか，
> 　　　crack up（ほめそやす），stand for（我慢する），fall for
> 　　　（惚れ込む）などとは言わなかった」（『ニュー・ステイツマ
> 　　　ン・アンド・ネイション』1935年），「大西洋の向こうから
> 　　　来た，聞くもおぞましい言葉，to help make（作るのを

手伝う），worthwhile（やりがいのある），nearby（近くの），colourful [sic.]（カラフルな）などがペストのように蔓延している」（『デイリー・テレグラフ』1935 年），「言葉も発音の仕方も実に不快で，このような映画が社会に邪悪な影響をおよぼすであろうことは疑いの余地がない」（保守党国会議員サー・アルフレッド・ノックスへのインタビューから）　　　　　　　　　　　　　（ブラッグ（2004: 337））

このように先行研究においても，アメリカ映画がイギリス英語に大きな影響を与えたことは指摘されている。こうした全体的な傾向を踏まえたうえで，トーキー登場の最初期にアメリカ英語がイギリスでどう受け止められたかを見ていこう。

6.3.　ロンドンへのトーキー到来

『ジャズ・シンガー』がイギリスで公開されたのはアメリカでの公開の約一年後の 1928 年 9 月 28 日ロンドンのピカデリーシアターにおいてである。[1] 当日の様子を伝えた音楽雑誌『メロディメーカー』（The Melody Maker）の記事「トーキーのデビュー――『ジャズ・シンガー』上映で何が起こったか」は，『ジャズ・シンガー』が当初サイレント映画として構想されていたこと，台詞が話される「トーキー部分」は映画の一部であることを述べ，「遠い将来に完全な「トーキー」映画が生まれるかもしれない素晴らしい可能性はあるもの，現在のブームは時期尚早と言わなければ

---

[1] The Debut of THE "TALKIES": What Happened at "The Jazz Singer," *The Melody Maker*. November, 1928. pp. 1277–78.

ならない」と厳しい評価を下している。

　この記事において興味深いのは，『ジャズ・シンガー』と同時
上映されたヴァイタフォンによる短編音楽映画のひとつ，人気女
性歌手グループ，ザ・ブロックス・シスターズの「ダウンサウス」
（Down South）についてのコメントである。「この三人組のグ
ループは，古臭いプランテーションの歌を強いアメリカ訛り
（American accent）で歌ったが，声にもパーソナリティにもさし
て優れたところはなかった。」と述べているのだ。歌がアメリカ
訛りだったことが記者の耳に残ったようである。

　「遠い将来に完全な「トーキー」映画が生まれるかもしれない」
と書いた記者の予想は，遠い将来を待つまでもなく次々と生み出
されるトーキー作品によって覆された。このとき上映されたアメ
リカのトーキー『ザ・テラー』（The Terror, 1928）の予告編は
音がずれていたというが，『ザ・テラー』は，『ジャズ・シンガー』
のロンドンでの初上映の 2 か月後の 1928 年 11 月にはロンドン
の映画館で上映された。[2] そしてそのあともトーキー到来の流れ
が止まることはなかった。

6.4.　トーキーの英語へのイギリスの反応

6.4.1.　「娯楽産業雑誌アーカイブ」

　トーキーの登場によって，サイレント映画の俳優たちに求めら
れる資質は変化した。たとえば，英語の訛りに対して関心が向け

---

[2] "Talkers in Britain" by John MacCormac. *New York Times*. Nov 18, 1928.

られることになった。そのことは芸能関係の新聞，雑誌記事において，トーキーにおける訛りの主題に触れた記事が増えたことにも現れている。このことを，オンラインデータベース娯楽産業雑誌アーカイブ（*Entertainment Industry Magazine Archive*）を使って，記事の件数の推移で確認しておこう。

　娯楽産業雑誌アーカイブは映画，テレビ，演劇，音楽など20世紀の娯楽に関するイギリス，アメリカの商業誌27誌の1880年から2000年までを収録したデータベースで，*Variety*（1905年創刊），*Boxoffice*（1920年創刊），*Billboard*（1894年創刊）などのアメリカの雑誌，*Picturegoer*（1911年創刊），*Film Weekly*（1928年創刊），*The Stage*（1880年創刊）などのイギリスの雑誌などが含まれる。

　トーキーと訛りの両方に言及した記事数を talkie/talkies とaccent/accents の両方をキーワードとする記事を検索すると，1928年は24件だったものが，1929年には173件と急増するのが特徴的である。1930年137件，1931年126件と100件以上あったが，1932年85件，1933年52件，1934年28件と減っていく。1929年をピークとする3年間にトーキーにおける訛りについて言及した記事が多かったことがわかる。

　この時期の英米の新聞や雑誌では talkie という語は引用符つき "talkie" で使われていることが多い。綴りは talkie が標準的だが，talky と綴られていることもある。talking picture, talking film が使われることも多い。このほかには，sound film, sound picture, talker という言い方もある。ごくまれに "speakie" という語が引用符つきで使われることもある。

6.4.2.　トーキーのアメリカ英語へのイギリス人の反応

当時の新聞，雑誌記事に取り上げられたハリウッド製作の初期のトーキーのアメリカ英語に対するイギリス人の反応で，目立つのは次の4点であった。

(i)　アメリカ英語が役に合わないときの批判
(ii)　アメリカ英語ではなくイギリス英語のトーキーを待望
(iii)　アメリカのトーキーがイギリス英語を損なうという政治的発言
(iv)　アメリカ英語批判は不当だという擁護

順に記事を紹介していこう。

6.4.3.　アメリカ英語が役に合わないときの批判

トーキーのアメリカ英語については，役に合わないときに違和感を述べる記事が見られる。最初期のトーキーのアメリカ英語について批判的な意見を示すことが多かった記者に，『ニューヨーク・タイムズ』誌のロンドン特派員，ジョン・マコーマック（John MacCormac）がいる。たとえば，本章第3節で紹介したロンドンの『ジャズ・シンガー』公開について述べた記事のなかでマコーマックは，『ザ・テラー』の予告編の「ロンドン警視庁のものだ」と言った台詞がアメリカ訛りであったことに苦言を呈している。

(6)　Also this little advertisement for "The Terror" was a
　　better demonstration of the possibilities of the audible
　　film than "The Jazz Singer" because what there was

of it was dialogue, whereas "The Jazz Singer" has virtually no dialogue. It was also, in one sense, a demonstration of sound's impossibilities, since it involved the announcement by one character in a well defined American accent that he was "from Scotland Yard." ("London Cheers Sound" *The New York Times*, October 14, 1928)

(『ザ・テラー』のこの短い広告は発声映画の可能性を『ジャズ・シンガー』よりもよく示すものであった。というのも，『ジャズ・シンガー』には台詞がほとんどなかったが，ここにはあるからである。これはある意味で，音の不可能性の証明でもあった。「ロンドン警視庁から来た」という台詞を明らかにアメリカ訛りを話す登場人物が述べていたからである。)

ここでは音声によって可能であること（possibilities）と不可能であること（impossibilities）が述べられている。

マコーマックは，翌月も『ザ・テラー』の詳しい映画評を『ニューヨーク・タイムズ』に載せている。内容は総じて批判的で，イギリスの批評家たちは予告編や前評判を聞いていたからこそ期待外れだという思いから酷評してしまうと言っている。アメリカ英語について書かれたところを引用しよう。

(7) Since "The Terror" is supposed to be a film of English criminal life, Hollywood might have remembered that there are no "Captains" So-and-So at Scotland Yard and that no Englishman would ever ask to "be put on to Scotland Yard's branch office." Americanisms,

anachronisms and solecisms that can be forgiven in a silent film are glaringly noticeable in dialogue, and perhaps this proves the truth of the statement credited to one Hollywood chief that the advent of the talkies implies the death of internationalism … The American accent is not really irritating to English ears except when it is credited to "men from Scotland Yard" and the like.　("Talkers in Britain; Grouped Players" *The New York Times*, November 18, 1928)

（『ザ・テラー』はイギリスの犯罪者を描いた映画ということになっているので，ハリウッドの製作会社は，ロンドン警視庁には何某「警部」というのに Captain は使わない，「ロンドン警視庁分室に取り次ぐ」というような言い方はしないということ覚えておいてもよかっただろう。サイレント映画では許されたかもしれないアメリカ語法，時代錯誤，間違いは台詞に表れると著しく目立つ。トーキーの到来は国際主義の死を意味するとハリウッドの大物が言ったといわれるが，このことは，その発言が真実であることを証明しているのかもしれない（略）アメリカ訛りは実のところイギリス人の耳にはさほど焦々するものではない。「ロンドン警視庁から来た男たち」というよう設定でさえなければ。）

　サイレント映画は音がなかったからこそ，国際性，普遍性を持っていたのだという主張はマコーマックに限られたものではなかった。

　台詞がないからこそ，さまざまな言語を話す観客が見て楽しむ

ことができ，また，さまざまな言語を話す俳優が出演できるといことがサイレント映画の国際性（internationality），国際主義（internationalism）を保証しているという指摘は他の記事にも見られ，珍しくない。例えば『ピクチャー・ゴーアー』の 1929 年 8 月号には読者の声として

(8) The silent drama has a universal appeal, since panto-mime, unlike speech, is understood by all races.

(*Picturegoer*, August 1929)

（「サイレントのドラマは普遍的な魅力を持っています。パントマイムは台詞とは異なり，すべての民族に理解されるからです」）

という投稿が載っている。

マコーマックはロンドンでの最初のトーキー『ジャズ・シンガー』上映の前の 1928 年 9 月 9 日に，アメリカのことを扱ったアメリカ映画がイギリスで上映されるのは歓迎である旨を『ニューヨーク・タイムズ』に書いていた。

(9) It is in historical pictures and pictures wholly or partly representing life in countries other than America that accent will be a bar.

(*New York Times*, September 9, 1928)

（訛りが障害となるのは，歴史映画またはアメリカ以外の国を舞台または舞台の一部にした映画においてである。）

彼のこの基本的な考え方は，『ザ・テラー』の予告編や本編公開時の記事にも反映されていた。

『ザ・テラー』のアメリカ英語について他のコメントも紹介しておこう。『フィルム・ウィークリー』に載った「最初の全編発話映画」という見出しの小さな記事である。記者自身は『ザ・テラー』をまだ見ていないが，既に見たという記者の知り合いの映画関係者の感想を伝えている。

(10)　The First All-Talking Film … He is convinced that "The Terror" will prove beyond doubts that the "talkies" have arrived. The only thing that upset him was the strong American accent of some of the artists, which apparently is accentuated by the beautiful English spoken by that fine old actor, Alec B. Francis.

(Film Weekly, October 22, 1928)

（最初の全編発声映画。（略）彼は『ザ・テラー』は「トーキー」がやってきたことを疑いもなく証明するだろうと確信した。彼が唯一腹立たしく思ったのは，何人かの俳優が強いアメリカ訛りで話していたことであった。それは，名優アレック・B・フランシスの英語が美しいのでより際立つことになった。）

ここでイギリスの映画俳優フランシスにはactorという語を使い，アメリカの映画俳優たちには artist という語を使って区別している。

6.4.4.　イギリス英語のトーキーへの期待

　ハリウッド製作のアメリカ英語を使ったトーキーを批判する声のなかには，イギリスで作ったイギリス英語のトーキーを見たいという思いも含まれていた。『フィルム・ウィークリー』の読者

投稿欄で紹介された手紙を見てみよう。

(11) Picturegoers are getting tired of listening to Americans bawling, nasally and incoherently from the screen. They want something better, and it is up to the British producers to supply that want in the form of British Talkies with British stars speaking decent English.

(Film Weekly, July 1, 1929)

（映画を見に行く人たちはスクリーンに映るアメリカ人たちが鼻声で，取り乱して大声で叫ぶのを聞くのにうんざりしています。観客はもっとよいものを求めています。そして，イギリスのスターがきちんとしたした英語を話すイギリスのトーキーという形で，そうした要求を満たすのは，イギリスのプロデューサーの役目なのです。）

投稿者は北アイルランドのアルスターに住む男性である。アメリカ英語が鼻にかかった（nasal）音だというのはこの時期のイギリス人の反応として多い。イギリス英語が「きちんとした」（decent）英語だというのは，根拠のない自己中心的な判断だが，アメリカ英語に対する言語態度としてはよく見られる反応である。

　この投稿が載った次の週の『フィルム・ウィークリー』にはイギリスのトーキー製作に関する記事が載った。以下はその見出しと小見出しである。

(12) Sixty-two British Talkies: No Reasons for Accusation of "Backwardness"—Exploiting Our Superiority in Accent and Material　　　*(Film Weekly*, July 8, 1929)

　　（62 本のイギリスのトーキー：「後進的」だと責める必要はな
　　い――訛りと素材において我々の優越性を活用する）

見出しにある 62 本というのは，この時にイギリスで製作中の
トーキーの数である。また，小見出しに込められた意味は，イギ
リス訛りのほうがアメリカ訛りよりも優れており，そのことが
トーキー製作において有利だというものである。こうしたイギリ
ス訛りの優越性を説く記事は『フィルム・ウィークリー』や『ピ
クチャー・ゴーアー』のような映画雑誌では枚挙にいとまがない。
もちろんその考えは間違っていると反論する記事もあるが，声が
大きいのは前者であった。

6.4.5.　イギリス庶民院での発言

　イギリスではアメリカ英語に対する否定的な反応が少なくな
かったことを象徴的に示す事柄がある。イギリス庶民院におい
て，保守党の議員ジョン・サンデマン・アラン卿（Sir John San-
deman Allen）が 1929 年 5 月 2 日，政府教育委員会（Board of
Education）委員長に，映画の音声と話し言葉を監視するため英
国映画検閲委員会（British Board of Film Censors）と協力する
意向があるかどうかを質問したことである。英国映画検閲委員会
は 1909 年の映画法により 1912 年に設立された独立機関である。

　（13）　Sir J. SANDEMAN ALLEN asked the President of
　　　　the Board of Education whether, seeing that in the
　　　　view of teachers all over the country, the speech of
　　　　children is being corrupted by slang introduced in film
　　　　sub-titles, and in view of the rapid development of

88

sound and talking films, his Department will cooper-
ate with the Film Board of Censors in exercising vigi-
lance over film sound and speech?[3]

（J・サンデマン・アラン卿は，政府教育委員会委員長に次のよ
うに尋ねた。全国の教師たちによれば，子供たちの話し言葉
は映画の字幕で導入される俗語によって悪影響を受けている
ということであり，発声映画の急速な発展をかんがみると，
教育委員会は英国映画検閲委員会と協力して，映画の音声と
言語を監視する用意があるのか？と。）

　この質問に対して，教育委員会の政務官キャサリン・スチュ
ワート・マリー（Catherine Stewart Murray）は，委員長にはそ
のような教育的検閲を行う権限はなく，「議員がただ今指摘され
た弊害に対する改善策は，映画業界に任せなければならない」と
言っている。

　このあと自由党のロバート・トマス卿（Sir Robert Thomas）
が，そもそもこうした映画上映を阻止できなかった英国映画検閲
委員会を改革したほうがいいのではないかと発言し，同じく自由
党のジョゼフ・ケンワージー（Joseph Kenworthy）も加勢した
が，政務官はそれへの返答は自分の職責外であると述べるにとど
まった。

　イギリス庶民院でのこのやりとりは，アメリカの新聞でも報じ
られた。『ニューヨーク・タイムズ』に 1929 年 5 月 5 日，つま
り議員の質問の 3 日後に掲載された意見がごく常識的な反応で

---

[3] http://hansard.millbanksystems.com/commons/1929/may/02/talking-films
#S5CV0227P0_19290502_HOC_76

あろう。ヨーロッパではアメリカが脅威のように言われ，トーキーのアメリカ英語がイギリスの子供に悪影響を与えると言われるが，子供が映画館にいくのはどんなに早くとも 7，8 歳になってからであろうし，それまでには言葉を話す際の筋肉や発音習慣はほぼ固定しているであろう，というものである（*New York Times*, May 5, 1929）。

　イギリスの庶民院では同様の質問が 7 か月後の 1930 年 2 月 4 日にも別の議員から出された。保守党のアルフレッド・ノックス卿（Sir Alfred Knox）が，商務院長に，「この国の国民が話している英語を保護するために，アメリカの発声映画の輸入を制限してイギリスの映画製作を奨励する手段をとる用意があるかどうか」を尋ねたのである。[4] 商務院長ウィリアム・グレアム（William Graham）の答えは，映画法はイギリスの映画製作を奨励するために制定された法律であるが，アメリカのトーキーに直接制限を設ける用意はない，であった。ノックスは続けて，1927 年の映画法改正は失敗だったのではないか，「この国におけるイギリス人たちの言語と思想を守るために何かすべき時ではないか」とまで言っているが，商務院長は映画法が失敗だと決めつけるのは尚早であると答えるにとどまった。

　イギリスの国会議員が議会でこうした質問をするのはそれが政治的に意味のある話題，つまり国民の支持を得られる話題だからである。トーキーを通じてイギリスに入ってくるアメリカ英語の規制，監視，検閲の可能性に有権者，国民が関心を持っていると

---

[4] http://hansard.millbanksystems.com/commons/1930/feb/04/american-talking-films-importation

判断したからこそ，政治家がこうした質問をしたのである。

6.4.6. アメリカ英語批判は不当だという擁護

　ここまではアメリカ英語に批判的なイギリス人の反応を見てきた。しかし一方で，トーキーで用いられるアメリカ英語やアメリカ訛りを批判したり，馬鹿にしたりするのは不当であると擁護する記事も少なくない。

　『フィルム・ウィークリー』の 1929 年 9 月 9 日号には「アメリカ訛りを擁護する」という投稿が載っている。

(14)　Defending American Accent.

I am not a talkie enthusiast, but I would like to put in a good word for the much maligned American accent. One would imagine, from the majority of views expressed, that America　had no exponents in the art of cultured speech.　I consider many of the newcomers recruited from the American stage possess as attractive voices as their British confreres.

（アメリカ訛りを擁護する。

私は熱烈なトーキーファンではありませんが，散々悪く言われているアメリカ訛りについて一言擁護申し上げます。これまでに表明されている意見の大半から考えると，アメリカには教養ある話し方をする人は誰一人としていないと思ってしまいます。私はアメリカの演劇舞台から映画界に引き抜かれた新しい俳優たちは，イギリスの俳優たちと同じくらい魅力的な声を持っていると考えています。）

ここで擁護されている「演劇舞台から映画界に引き抜かれた新し
い俳優たち」というのは，アメリカ英語というよりもイギリス英
語に近い舞台用の英語を話していたと思われる（第4章参照）。な
ので，この記事は，「鼻にかかったアメリカ訛り」を擁護してい
るわけではないだろう。

　『ピクチャー・ゴーアー』では読者からの投稿のなかで，最も
優れたものに2ギニー，二番目に優れたものに1ギニーの賞金
を出していた。1929年10月号で2ギニーを得た投稿は，アメ
リカ訛りを批判するイギリス人を批判するものであった。

(15)　It strikes me that Britishers are being a little unfair to-
　　　wards America in their scornful attack upon that much
　　　maligned American accent.　After all, Hollywood
　　　makes talkies for the enjoyment of the American pop-
　　　ulation, who naturally see nothing wrong with their
　　　way of speaking English.

　　　　One might just as well blame a Scotchman or an
　　　Irishman for his accent as blame Americans for theirs.

　　　　Speaking from their point of view—a thing which
　　　no other British fan seems inclined to do—I must say
　　　that they would probably find our talkies, recording
　　　'English as it should be spoken,' just as unpleasant to
　　　the ear as we find theirs, simply because the way we
　　　speak would be unfamiliar to them.

　　　（散々悪口を言われているアメリカ訛りをイギリス人は侮蔑的
　　　に攻撃しますが，それはいささか不公平ではないかと私には

92

思えます。結局のところ，ハリウッドはアメリカ国民の楽し
みのためにトーキーを作っているのであり，彼らが自分たち
の英語の話し方に何の不都合も感じないのは当然です。

　アメリカ人の訛りを非難するなら，スコットランド人，ア
イルランド人の訛りも非難しなければなりません。

　アメリカ人の立場に立ってみると――イギリスの映画ファン
はこういうことをしたがらないようですが――「そのように話
されるべき姿の英語」を録音したものであっても，彼らの耳に
は不愉快に響くことでしょう。彼らの訛りが私たちにとって
そうであるように。それは私たちの話し方がアメリカ人にとっ
ては馴染みがないものだからです。）

　興味深いのは同誌の 1929 年 10 月号の一等を得た投稿にも同
様の，アメリカ訛りを擁護する一節が含まれていることである。

(16) 　The nasal accent too, is unjustly criticised, because as
　　　much as the American accent sounds awful to many
　　　of us, so does the English accent to the Americans.

　　　　　　　　　　　　　　　　　　(*Picturegoer*, October 1, 1929)
　　　（鼻音の訛りへの批判は不当です。というのも私たちにとって
　　　アメリカ訛りの音が耐え難いものであるのと同様，イギリス
　　　訛りというのもアメリカ人にとっては耐え難いものだからで
　　　す。）

　映画ファンを読者とする『ピクチャー・ゴーアー』の編集方針
として，アメリカ訛りの英語について肯定的な意見を載せること
があったとしても不思議ではない。

　最後に，この時期の新聞・雑誌記事で，アメリカ英語を表すときによく使われる語は「鼻音の」(nasal)，「鼻にかかった声」(twang) について述べておきたい。これは批判的な文脈で使われることがほとんどであった。その理由としてまず「鼻にかかった」音であることが一番際立って耳に残ったので，特徴として言及されたということが考えられる。そして第二に，雑誌記事などでアメリカ英語を記述する際の定型的な表現という可能性も否定できない。というのも前述のように『フィルム・ウィークリー』や『ピクチャー・ゴーアー』の記事のなかでは，アメリカ英語が鼻にかかった音であることに言及したうえで，それでもかまわないではないかというレトリックが散見されるからである。

　一方でアメリカ英語とイギリス英語の発音を比較した際のわかりやすい特徴として今日よくあげられるものとして「母音のあとの r を発音するかどうか」(rhotacism/nonrhotacism) や「母音にはさまれた /t/ がはじき音となる」(medial flap) などがあるが，これらへの言及はこの時期の記事にはなかったことも補足しておこう。

　本章では，1920 年代末のハリウッド映画をめぐってイギリスの観客がそのアメリカ英語に対してどのような言語態度を示したかを，当時の新聞，雑誌記事を調査して論じた。アメリカ英語の発音に否定的・批判的な反応があったことはある程度予想できることであったが，その批判を抑えるかたちで「耳慣れない訛りを受容しよう」と呼びかける声が存在したことも確認できた。

　そしてアメリカ英語への批判的反応をはるかに凌駕する形で，ハリウッド映画はイギリスの観客の心もつかみ，また，本章第2節で概観したように，アメリカ映画はイギリス英語にも影響を与

えていったのである。

英語ができない悔しさを描く
インド映画『マダム・イン・ニューヨーク』

外国の店で食べ物を買おうとして，英語が聞き取れない，通じないという経験をした人は多いだろう。私もニューヨークのサンドイッチ店サブウェイで，尋ねられていることが聞き取れなくて何度も聞き返した。初めて海外に行った学生時代のことではない。大学の教壇に立って20数年経っており，英語コミュニケーションには自信があった。

「チーズ？」と聞かれているのだと，何回目かで分かったが，cheese という簡単な単語が聞き取れなかったことに我ながら呆れた。特に癖のある発音だったわけではない。「ティー？」と聞こえて混乱したのだ。この期に及んでまだこういうことがあるのかと思った。やはり何事もシステム（この場合は，サブウェイでサンドイッチを注文する際の流れ）が理解できていないと聞き取れない，単語がわかっていてもだめ，などとその後もいろいろ考えた。折にふれ授業で言及してしまうような，自分としてはなかなか衝撃的な出来事だった。

店頭でサンドイッチの注文ができなくて困る場面といえば，連想されるのがインド映画『マダム・イン・ニューヨーク』（*English Vinglish*, 2012）である。インド西部の都市プネに住む主婦のシャシは英語が話せない。私立学校で英語による教育を受けている娘は，英語のできない母が保護者会に来ることを恥ずかしく思い，ビジネスマンの父に来てくれるように頼む。連邦公用語がヒンディー語，

準公用語が英語であるインドにおいて，都市部の中産階級の家庭であっても，やはり英語が苦手な主婦もいるのだと，観客は引き込まれる。

　そんなシャシがニューヨークに住む姪の結婚式の準備を手伝うために，家族より前に単身渡米することになる。そして昼食を買おうとしたマンハッタンの店で，店員に事細かに注文内容を尋ねられ，聞き取れず話せずに立ち往生する。2018年に54歳で急逝したインドの人気女優シュリデヴィが，困ったように首を左右に細かく振る身振りと，苛立ちを見せる女性店員の非協力的な様子が印象的な場面である。

> "What kind of filling do you want inside? Do you want cheese, tomatoes, lettuce?"
> "Huh?"
> "Lady, do you see, you're holding up my line. This is not rocket science.　　　　　　　　　　　　　　　　　　　　　(0:41:52)
> （「サンドイッチの具は何にするの？ チーズ，トマト，レタス？」
> 「え？」
> 「ねえ，わからない？ みんな待ってるの。難しいことじゃないでしょ」）

店員の早口の英語にシャシが追い詰められていく様子には，何度見ても涙ぐみそうになる。

　この場面を大学の授業で見せて，感想を書いてもらうことがある。総じて，英語非母語話者としての共感を綴る学生が多い。母語であれば簡単にできるやりとりが，外国語であるというだけで，聞き取れない，理解できない，恥をかく。こうした場面を見て，そこで直面する困惑と恥ずかしさ，そして英語が苦手な相手に向かってわかりやすく話そうともしない店員への怒りなどを覚えるのである。

　しかし勤務する大学の海外協定校である中国の外国語大学で集中

講義を行ったときには異なる経験をした。『マダム・イン・ニューヨーク』のこの場面を見てもらったのだが，そのあとのコメントを見て驚いた。「スマホの翻訳機能を使って対応すればいい」「スマホの辞書で調べて店員に見せればいい」「事前に食べ物，飲み物の英語表現を調べておくべき」という，問題解決型の内容が多かったのである。自分も英語や日本語を話すときに同じような経験をした，シャシが可哀そう，店員の態度はひどい，という感想もあったが，少数派だった。

　これだけのことで一般化はできないが，どうも日本の大学生のほうが，英語が聞き取れない，話せないシャシへの感情移入の度合いが高いようである。英語が苦手ということを我が身に引き付けて受け止める傾向が強いともいえよう。私も例外ではない。

第7章　プロダクション・コードによる規制
——『風と共に去りぬ』(1939)

7.1.　はじめに

　古典的ハリウッド映画（特に 1930 年代〜 50 年代）のことを
「ユダヤ教徒が所有する会社が，ローマカトリックの教えを，プ
ロテスタントのアメリカ国民に売っている」と揶揄した表現があ
る (Doherty (2007: 172))。ハリウッドの映画製作会社の多くをユ
ダヤ系アメリカ人が所有していたこと，ハリウッドで作られる映
画の内容はカトリック教徒が規制していたこと，ハリウッドで作
られた映画を楽しむ国民の多くは，プロテスタントであることを
述べている。

　このなかでカトリック教徒による規制とは，1930 年に導入さ
れたプロダクション・コードのことを指す。プロダクション・
コードは映画で用いることができる英語表現も大きく制限した。
本章ではプロダクション・コードによる規制がハリウッド映画の
英語に与えた影響を論じる。

　プロダクション・コードの原案を作ったのは，カトリック教徒

のジャーナリスト，マーティン・クィグリー（Martin Quigley）とイエズス会神父ダニエル・ロード（Daniel Lord）であったが，最終的に決定したのは全米映画製作者配給者協会（Motion Picture Producers and Distributors of America, MPPDA）のプロデューサーたちであった。プロダクション・コードは MPPDA 会長ウィリアム・ヘイズ（William Hays）の名前をとってヘイズ・コードと呼ばれることもある。ヘイズは共和党大統領候補の側近で，長老派教会の実力者であった。

　プロダクション・コードは，国家などの公権力が映画の内容に関する検閲を行う動きの機先を制するための自主規制の仕組みとして映画産業界内で作られた。映画に音声が加わり，文化的影響力が大きくなるに伴って，映画に向けられる社会の関心は大きくなり，不道徳な内容を扱わないようにという監視の目も厳しくなった。外的な検閲を避けるための自主検閲が導入されたのである。各映画作品がプロダクション・コードを遵守しているかを管理するのが 1934 年に MPPDA の下部組織として作られたプロダクション・コード管理局（Production Code Administration, PCA）であった。PCA の承認がなければ MPPDA 系列の映画館での公開ができない制度となった。PCA 管理局長を務めたのはカトリック教徒のジョゼフ・ブリーン（Joseph Breen）で，ブリーンは 1941 年に一度職を辞したものの翌年戻り，1954 年までプロダクション・コードの監視者の地位にあった。

　プロダクション・コード管理局による検閲体制は 1950 年代から徐々に形骸化し，1968 年にレーティング・システムが導入されたことで廃止された。しかし，1934 年以降 1940 年代においてはこの規定は映画に大きな影響力を持っていた。本章では，プ

ロダクション・コードの内容と適用の過程について，『風と共に
去りぬ』を例に取り上げて述べる。

『風と共に去りぬ』(*Gone with the Wind*) 1939 年

あらすじ: アメリカ南部ジョージア州アトランタで農園タ
ラを営むアイルランド系移民のオハラ氏の長女スカーレット
は，アシュレーに失恋し，彼の婚約者メラニーの兄チャール
ズと結婚する。南北戦争に出征したチャールズは戦死し，南
軍敗北の後，タラを守り生活していくためにスカーレットは
妹の恋人を奪って二度目の結婚をするがその夫も亡くなる。
三番目の夫レット・バトラーはスカーレットを理解し，愛し
ていたが，生まれた子供が落馬により亡くなり二人の間には
修復できない傷が生まれ …

7.2.　問題視されたタブー語 damn

　1939 年 12 月に公開された映画『風と共に去りぬ』は，この時
期に製作された他の映画と同じく PCA とさまざまな交渉を重ね
ながら製作された。例えば，出産の場面，レット・バトラーがス
カーレットに対して夫婦間レイプを働く場面，ベル・ワトリング
の売春宿の場面，スカーレットが暴漢に襲われる場面，黒人の扱
いなどが問題となり PCA の要請に応じて修正が加えられた(Leff
and Simmons (1990: 79-108))。

　なかでも最も話題となったのが，レット・バトラーがスカー
レット・オハラのもとを去る時の台詞であった。プロダクショ
ン・コードで使用が禁じられている damn という語が用いられ

100

ていたからである。

(1) Scarlett: Rhett, Rhett, Rhett. If you go, where should
I go? What should I do?

Rhett: Frankly, my dear, I don't give a damn.

(3:46:57)

(スカーレット： レット，レット，レット。もしあなたが行っ
てしまったら，私はどこへ行けばいいの？
私はどうすればいい？

レット： 正直なところ，君のことなんかどうだってい
いんだ。)

この台詞は，原作のマーガレット・ミッチェル (Margaret
Mitchell) の同名の小説に出てくる My dear, I don't give a
damn. に Frankly を冒頭に加えたものである。原作は (2) のよ
うになっている。

(2) '… I couldn't live with you and lie to you and I cer-
tainly couldn't lie to myself. I can't even lie to you
now. I wish I could care what you do or where you
go, but I can't.'

He drew a short breath and said lightly but softly:
'My dear, I don't give a damn.' (Mitchell (2019: 1055))
(「… 君と暮らしながら嘘をつき続けることはできないし，僕
はもちろん自分自身に対しても嘘をつけない。僕は今君に対
して嘘をつくことさえできない。君が何をするか，どこへ行
くか気にかけてやれればと思うが，できない」

彼は短く息をつき，軽く優しく言った。「君のことは，どうだっていいんだよ」）

映画プロデューサーのセルズニックは，MPPDA 会長のヘイズへの damn の使用許可を懇願する手紙（1939 年 10 日 20 日付）のなかで，原作小説との関連に次のように言及した。

(3) As you probably know, the punch line of *Gone With the Wind*, the one bit of dialogue which forever establishes the future relationship between Scarlett and Rhett, is, "Frankly, my dear, I don't give a damn."

　　Naturally I am most desirous of keeping this line and, to judge from the reactions of two preview audiences, this line is remembered, loved, and looked forward to by the millions who have read this new American classic.　　　　　　　　(Behlmer (2000: 245))

（ご存じのように『風と共に去りぬ』の決め台詞は「正直なところ，君のことなんかどうだっていいんだ」で，この台詞はスカーレットとレットの将来の関係を永遠に決定づけるものです。

　　言うまでもなく，私はこの台詞を残したいと強く願っています。そして，二回の試写会での観客の反応から判断すると，この台詞はアメリカの新しい古典となった原作小説を読んだ何百万もの人々よって記憶され，愛され，楽しみにされています。）

セルズニックは，I don't give a damn. の代わりに I don't care.

という台詞を使っても撮影し，試写会ではそちらを上映していた。そして，それに対して不満が出たとヘイズに知らせている。

　最終的に MPPDA 理事会は，『風と共に去りぬ』におけるdamn の使用を認める決定をした。理事会の議論ではヨーロッパで戦争（第二次世界大戦）が始まり，アメリカ映画の海外市場の縮小が懸念されるので国内市場をもっと活性化しなければならず，そのためにも映画をさらに魅力的なものにしていかなければならないという論点が，プロダクション・コードの厳格な適用を緩めるために強調された。

　ただし会長のヘイズが，このような決定は自主検閲ではなく公的検閲を許すきっかけになると考えたために，MPPDA では「『風と共に去りぬ』ルール」とでも呼ぶべき変更をプロダクション・コードの冒涜の項に付け加えた。damn と hell は次の場合を除いて使用を禁止すると定めたのである。

> (4)　… when their use shall be essential and required for portrayal, in proper historical context, of any scene or dialogue based upon historical fact or folklore, or for the presentation in proper literary context of a Biblical, or other religious quotation, or a quotation from a literary work provided that no such use shall be permitted which is intrinsically objectionable or offends good taste.　　　(Leff and Simmons (1999: 104–105))
>
> （〔damn と hell を〕以下の場合を除いて禁止する。歴史的事実または民間伝承に基づく場面や台詞が適切な歴史的文脈での描写または，聖書やその他の宗教的引用または文学作品から

の引用の表現にとって本質的に不可欠な時である。ただし，本質的にいかがわしい用法や優れた見識を害するような用法は認められない。）

PCA のジョゼフ・ブリーンは MPPDA 理事会の判断を受け，1939 年 11 月半ばに damn を含んだ最終版の公開を認めた。セルズニックがプロダクション・コード違反の罰金としてこの台詞のために払ったのは 3600 ドル[1] とも 5000 ドルとも伝えられる。[2]

『風と共に去りぬ』は 1939 年 12 月 15 日にアトランタでプレミア上映され，その後全米で公開された。ベストセラーとなった小説およびアカデミー賞 10 部門を受賞した映画の人気のため，damn をめぐる攻防は大きな社会的注目を集めた。MPPDA のヘイズがこの「けしからん，けしからん言葉」(naughty, naughty word) を脚本のなかに見出したときの怒りを想像して面白おかしく書くコラムもあった。[3] プロダクション・コードによる規制が厳格すぎることへの皮肉を込めて，この台詞は「検閲における良識の復活を表しているかもしれない」と書いた記事もある。[4]

---

[1] 1940 年 4 月 11 日 *The Alexander City Outlook* (Alexander City, Alabama)。

[2] 1969 年 8 月 4 日 *The News-Messenger* (Fremont, Ohio)。

[3] たとえば Jimmie Fidler のコラム。1939 年 12 月 26 日 *The Post-Crescent* (Appleton, Wisconsin) ほか。

[4] "Gable's naughty word may mark return of sense in censorship" というタイトルの Lucie Neville の記事。1940 年 6 月 11 日 *Public Opinion* (Chambersburg, Pennsylvania)。

7.3. 言語に関する規定

　プロダクション・コードは倫理的・道徳的な規定であり，その一部として言語に関する規定が含まれている。言語に関する規定を確認しておこう。なお用いるのは，Doherty (1999) 所収の1930 年のプロダクション・コードのテキストで，これはドハティ (Doherty) が他の版と照合しながらオルガ・J・マーティン (Olga J. Martin) の 1937 年出版の *Hollywood's Movie Commandments* から引用したものである。マーティンはジョゼフ・ブリーンの元秘書でハリウッドの内部検閲者が用いた書類を参照することができた。

　1930 年のプロダクション・コードのテキストについては，ロサンゼルスのマーガレット・ヘリック図書館 (Margaret Herrick Library) にある PCA アーカイブにも，決定稿が残っておらず (Doherty (1999: 347))，デジタルコレクションでは 1934 年 6 月13 日の日付が表紙に記されたパンフレットの 1944 年の増刷版など複数の版が公開されている。プロダクション・コードについて論じている書物に引用されているテキストにも異同がある。たとえば，Doherty (1999: 347-359) に収録されている 1930 年のプロダクション・コードは一部と二部に分かれ，一部が一般原則，二部が作業原則を扱う。一方，Lewis (2000: 302-307) の巻末に収録されている 1930 年のプロダクション・コードは序文と一般原則から成り立つという具合である。

　PCA 管理局長のブリーン自身が，コード作成者のクィグリーに「お願いです。お手すきの折に，プロダクション・コードの本当の正確な写しを送ってください」と手紙を書いており (Doherty

(2007: 351)), 当時から既に複数の版が存在していたことが推測される。以下，Doherty（1999）所収の 1930 年のプロダクション・コードに従って述べる。

　言語に関する制限は，プロダクション・コード第二部の作業原則のなかの「プロット，エピソードおよびその扱いの細部」のなかの，「下品」（vulgarity）と「猥褻」（obscenity）の項およびプロダクション・コード補遺のなかの「冒涜」（profanity）の項で言及される。

(5)　Vulgarity

[1] *Oaths* should never be used as a comedy element. Where required by the plot, the less offensive oaths may be permitted.

[2] *Vulgar expressions* come under the same treatment as vulgarity in general. Where women and children are to see the film, vulgar expressions (and oaths) should be cut to the absolute essentials required by the situation.

[3] The name of *Jesus Christ* should never be used except in reverence.

(Doherty（1999: 356）)

（下品 [1] 罵りは喜劇的要素として用いてはならない。プロット上の必要があるときには，不快度の低い罵り語は許可され得る。[2] 下品な表現は下品さ一般と同じ扱いをする。女性や子供が見る映画では，下品な表現（や罵り語）は状況が必要とする最小限に抑えること。[3] イエス・キリストという名前は

敬う意味以外で用いてはならない。)

(6)　Obscenity

[1] *Obscenity in fact*, that is, in spoken word, gesture, episode, plot is against divine and human law, and hence altogether outside the range of subject matter or treatment.

[2] Obscenity should *not be suggested* by gesture, manner, etc.

[3] An obscene reference, even if it is expected to be understandable to only the more sophisticated part of the audience, should not be introduced.

[4] *Obscene language* is treated as all obscenity.

(Doherty (1999: 356–357))

(猥褻 [1] 事実上の猥褻，つまり話し言葉，身振り，エピソード，プロットにおける猥褻は神の法，人間の法に反しており，それゆえ主題とすること，扱うことの範囲外である。[2] 猥褻は身振りや態度等で示唆してはならない。[3] 観客のなかでも世慣れたひとにしか理解されないようなものであっても，猥褻な言及はしてはならない。[4] 猥褻な言語は猥褻と同様に扱う。)

(7)　Profanity

Pointed profanity (this includes the words, God, Lord, Jesus, Christ—unless used reverently—Hell, S.O.B., damn, Gawd), or every other profane or vulgar expression however used is forbidden.

(Doherty (1999: 363))

（冒涜　明らかな冒涜や冒涜的または下品な表現はどのような
方法でも用いることができない。（明らかな冒涜には，God,
Lord, Jesus, Christ—これらは敬虔な意味で用いられたとき
を除く—や Hell, S.O.B., damn, Gawd が含まれる。）

　プロダクション・コードに最後の改訂が加えられたのは 1956
年のもので，Doherty (2007) はこれを掲載している。[5] 言語につ
いては「下品」「猥褻」の次に「冒涜」が並ぶ。「以下の語を含む
映画はプロダクション・コード管理局の承認を得られない。ただ
し，このリストの語のみに限らない」という説明のあとで列挙さ
れている語は以下のとおりである。英文の引用は省略し訳文のみ
記す。（　）は原文通りで，［　］は訳出に際して付した。

　(7)　冒涜（Profanity）
　　　 "Bronx Cheer"（音）［ブーイング］，Chippie［あばずれ女，
　　　 売春婦］，God, Lord, Jesus, Christ（敬う意味で用いられる
　　　 場合を除く）［神，主，ジーザス，キリスト］，Nuts（狂った
　　　 という意味で用いる場合を除く）［軽蔑，不満を表して，
　　　 ちぇっ］，Fairy（下品な意味で）［侮蔑語として，男性の同性
　　　 愛者］，Finger (the)［中指を立てる侮蔑的なジェスチャー］，
　　　 Fire (cries of)［(パニックを起こす) 火事だという叫び］，
　　　 Gawd［＝God, 神］，Goose（下品な意味で）［ばか，まぬ
　　　 け］，Hot（女性について）［セクシーな］，Toilet Gags［排
　　　 泄に関する冗談］，"In your hat"［Go shit in your hat の略，

---

[5] Doherty (2007: 351–363). これはプロダクション・コードの作成者の一
人であった Martin J. Quigley が毎年発行していた *Motion Picture Almanac*
の 1956 年版を参照したものである。

失せろ], Madam（売春婦に関して）[売春宿のおかみ], Nance [侮蔑, 同性愛の], Pansy [侮蔑, 男性同性愛者], Razzberry（音）[放屁の擬音語として], S.O.B. [Son of a bitch, くそ], Son-of-a [Son of a bitch, くそ], Tart [売春婦], Whore [売春婦]　　　　　　　　(Doherty (2007: 353))

　排泄や性愛, 特に女性蔑視, 同性愛蔑視に関する表現が列挙されている。また神への冒涜に関する表現もある。今日も卑語, 俗語として使用されるものもあるが, 今日では既に古い俗語となっているものも多い。

　また, 人種差別, 民族差別に関する表現は, 冒涜の項目の後半で, PCA が「アメリカ合衆国内の観客および, さらにとりわけ外国の観客にとって, 以下の語句がとりわけ不快であることを認識している」として付加されていた (Doherty (2007: 354))。

　それらの語句は蔑称で, Chink（中国人）, Dago（イタリア人, スペイン人, ポルトガル人, 南米人）, Frog（フランス人）, Greaser（ラテンアメリカ人, 特にメキシコ人, イタリア人）, Hunkie（ハンガリー人）, Kike（ユダヤ人）, Nigger（黒人）, Spic（スペイン系アメリカ人, 特にプエルトリコ人, メキシコ人）, Wop（イタリア人）, Yid（ユダヤ人）である。

　こうした人種差別に関する表現は現在では, damn よりもはるかに問題視され, 使用規制が厳しい表現となっている。

7.4. 『オックスフォード英語辞典』と damn

　プロデューサーのセルズニックは先に引用した MPPDA 会長

のヘイズに宛てた手紙のなかで『オックスフォード英語辞典』
(*OED*) の damn の記述を参照してこの語の使用を認めるように
訴えていた。

(8)　It is my contention that this word as used in the pic-
　　ture is not an oath or a curse.　The worst that could
　　be said against it is that it is a vulgarism, and it is so
　　described in the *Oxford English Dictionary*.

　　　　　　　　　　　　　　　　　　　　(Behlmer (2000: 245))
　　（私が主張したいのは，この語は映画のなかで罵りや不敬とし
　　て用いられているのではないということです。この語のよろ
　　しくないところがあるとしたら，それは下品だということく
　　らいで，『オックスフォード英語辞典』にもそのように記述さ
　　れています。）

セルズニックが参照したと考えられる *OED* の初版では，damn
（名詞）の項を確認すると，1 番目の意味として「冒涜的な呪いと
しての damn という語の発話」(The utterance of the word
'damn' as a profane imprecation.) と説明があり，初出として
1619 年の例文が挙げられている。2 番目の意味が「（型にはまら
ない話し言葉で）「何の価値もない」や，「全く気にしない」など
の句で曖昧に用いられる」(Used vaguely (in unconventional
speech) in phrases *not worth a damn*, *not to care a damn*) で，
1760 年から 1849 年の例文が挙がっている。
　興味深いのは，1989 年に出版された *OED* の第 2 版には，2
番目の意味に not to give a damn（全く気にしない）が付け加えら
れていることである。用例にも，初版の例にはなかった "I don't

give a damn for the girl."（私はその女の子のことなどどうでもいい）
(1895)，"See the happy moron, He doesn't give a damn, I wish
I were a moron. My God! Perhaps I am!"（あの幸せなお馬鹿さん
をごらん。彼は気にしていない。私も馬鹿だったらなあ。ああ，たぶん
私は馬鹿なんだ）(1929)，"It was obvious, as one angry young
woman remarked, that he didn't give a damn—and so they
were enraged."（ある怒った若い女性が述べたように，彼がまったく気
にしていなかったのは明らかだった，そしてだから彼らは怒ったのだ）
(1959) が加わっている。『風と共に去りぬ』の "I don't give a
damn." を巡る攻防により，この表現に注目が集まったのかもし
れない。

7.5. プロダクション・コードと「映画の英語の影響力」の論理

　プロダクション・コードでは，映画は書物や新聞，音楽とは
違って影響力が大きいために道徳的な義務を負っていると述べて
いる。たとえば，1930 年のプロダクション・コードの第一部の
一般原則のなかでは「映画には特別な道徳的義務がある」(The
motion picture has special *Moral obligations*.) (Doherty (1999:
349)) と明記されている。

(9)　IN GENERAL: The mobility, popularity, accessibility,
emotional appeal, vividness, straight-forward presenta-
tion of fact in the films makes for intimate contact
on a larger audience and greater emotional appeal.

Hence, the larger moral responsibilities of the motion
pictures. 　　　　　　　　　　　　　　(Doherty (1999: 350))

（一般に：動きがあること，大衆受けすること，手に入れやす
いこと，心情的な魅力，鮮明さ，事実をそのまま伝えるとい
う特徴のために，映画はより多くの観客に親近感を与え，よ
り大きな心情的な魅力を与えることになる。）

　ここで「より大きな道徳的責任が生じる」として映画が比較さ
れているのは特に「書物と音楽」である。映画はその鮮明な映像，
音声でもって多数の人に影響力を与えるメディアであるから，道
徳的に問題のある内容は避けなければならないというのが，プロ
ダクション・コード策定の論理であった。

　『風と共に去りぬ』の damn について，プロダクション・コー
ドの適用緩和を懇願するセルズニックのヘイズへの前述の手紙に
おいても，damn という語は雑誌でも普通に使われているが，雑
誌と映画の影響力は違うと断っている。

(10)　Nor do I feel that in asking you to make an exception
　　　in this case, I am asking for the use of a word which
　　　is considered reprehensible by the great majority of
　　　American people and institutions.　A canvass of the
　　　popular magazines shows that even such moral publi-
　　　cations as *Woman's Home Companion*, *Saturday Eve-
　　　ning Post*, *Collier's* and the *Atlantic Monthly*, use this
　　　word freely.　I understand the difference, as outlined
　　　in the code, between the written word and the word
　　　spoken from the screen, but at the same time I think

112

the attitude of these magazines toward "damn" gives
an indication that the word itself is not considered ab-
horrent or shocking to audiences.

(Behlmer (2000: 245–246))

（私は，今回例外的使用を認めていただきたいと言っている語
が，アメリカ国民や諸機関の大多数が非難に値すると考えて
いる語だとも思わないのです。広く読まれる雑誌を見てみれ
ば，『ウーマンズ・ホーム・コンパニオン』や『サタデー・イ
ブニング・ポスト』，『コリアーズ』，『アトランティック・マ
ンスリー』のような道徳的な刊行物でさえもこの語を自由に
使っていることがわかります。プロダクション・コードで示
されているように，書かれた言葉とスクリーンから聞こえて
くる話し言葉が違うということは理解しています。しかし同
時に私はまた，これらの雑誌の damn に対する態度は，この
語自体が読者にとって嫌悪すべき衝撃的なものとはみなされ
ないことを示しているとも考えるものです。）

雑誌で用いられているからといって，映画でもそのまま用いてい
いわけではないが，と映画の影響力の大きさを認めたうえでの嘆
願となっている。

7.6. 『風と共に去りぬ』への批判

このように公開当時においては damn という語の使用が問題
になった『風と共に去りぬ』であるが，公開当時には大きく問題
視されなかった点が，その後批判されてきたことを本章の最後に

述べておきたい。それは，（原作小説から受け継がれていること
ではあるが）この映画が南部の白人の目を通して描かれたもので，
人種差別を肯定している，アフリカ系アメリカ人（黒人）への偏
見を助長しているという批判である。

　大きな問題点としてあげられるのが，登場する男性の多くが白
人至上主義団体クー・クラックス・クラン（KKK）に所属して
いることである。スカーレットが黒人にレイプされそうになり，
それに対して白人の男たちが復讐に出かけ，そのなかでスカー
レットの二番目の夫が殺されることになる場面も，暴力的な黒人
から白人女性を守る白人男性という人種差別的な固定観念に基く
物語がなぞられている。

　農園タラで働く黒人奴隷の描き方が，一面的でステレオタイプ
を助長していることも問題である。乳母のマミーはスカーレット
を支える頼りになる乳母として描かれており，マミーを演じたハ
ティー・マクダニエル（Hattie McDaniel）はアフリカ系俳優と
して初めてアカデミー賞（助演女優賞）を受賞した。しかし白人
に忠実な召使としての黒人の役割を再確認する描き方となってい
る。一方，スカーレットのメイドとして働いているプリシーは，
愚かで虚言癖があり，メラニーの出産のような大事なときに全く
役に立たない人物として描かれている。

　こうした人種差別的な描き方は今日では『風と共に去りぬ』に
対する大きな批判として挙げられる。一方で，上映当時問題に
なった damn などは現在は全く問題視されない。『風と共に去り
ぬ』が公開30周年を記念して1969年にふたたび公開されたと
き，AP通信の記者は「今日の観客が『風と共に去りぬ』を見る
と，ゲーブルの台詞は何の波風も立てない。damn というのは今

日の映画の言語によってすっかり飼いならされたように思われる。最近の映画の会話を聞いたらレット・バトラーは赤面するのではないかと思われる」と書いた。[6]

第8章 タブー語と戦争映画
──『7月4日に生まれて』(1989)

8.1. はじめに

　タブー語とは,「人々が有害であると信じているため, または人を当惑させ攻撃的であると感じているために, 上品な社会では使用を避ける語」(Crystal (2018: 172)) である。主題としては, 死, 超自然的存在, 迷信, 性愛, 排泄, 身体的・精神的・社会的な逸脱が, タブーの源泉でありそれを連想させる語がタブー語である。代表的なタブー語として damn, fuck, hell, shit などがあり, God や Jesus なども本来の意味ではなく強意語, 感嘆詞的に使われるときはタブー語とみなされる。

　アメリカの映画産業界においてタブー語は, 暴力や性愛等の視覚表象と並んで自主規制の対象であり, 映画の公開可否や, 観客の年齢制限に関わる要因のひとつとなってきたことは第7章で見た通りである。

　プロダクション・コードの影響力の弱化およびその廃止は暴力描写や性描写を可能にし, 映画の台詞にも大きな影響を与えた。

「タブーになっている主題を正面から扱い，路上の言葉を取り入れ，猥褻を含むことが可能になり，婉曲表現を使う必要性がなくなった」(Kozloff (2000: 23)) のである。

Kozloff (2000) はアメリカ映画の台詞の特徴を特に4つのジャンル（西部劇，スクリューボールコメディ，ギャング映画，メロドラマ）を取り上げて論じた研究で，タブー語については，ギャング映画との関連で取り上げている。なお Kozloff は obscenity（猥褻，猥雑）という単語を使っているが，その語を使って論じる対象には，狭義の猥褻のみならず dead, son of a bitch なども含まれており，本論でいうタブー語と重なる。

Kozloff (2000: 208-209) は「猥雑な言語は強い感情を示す。それは話者が，親の訓戒や，上品な言語や宗教的タブーの規範を破ろうとしていること，または破ることに熱心であることを示す」と述べ，ギャング映画は「猥雑な言語を過度に使用することで，登場人物が粗野で極めて男性的であることを強調し，彼らの感情の力を強調する」と述べる。これは，ギャング映画に限らず，タブー語が引き起こす効果と言えよう。

タブー語の使用が，粗野，男性性や，感情の強さを強調する機能を持つのはなぜか。それは，タブー語の具体的指示内容よりも，その語がタブー語であるという事実自体が効果を生むからである (Queen (2015: 204-205))。タブー語の使用によって話者は，聞き手との間に社会的距離を取り，また，社会的対立を生み出すというのである。一方で，タブー語を用いる者同士の連帯も強調されることになる。

こうしたタブー語の使用が特徴的な映画のジャンルとして，Kozloff (2000: 267) は，ベトナム戦争映画を挙げる。「戦争映

画は全て，国家の言語の衝突を扱っており，常に軍事的衝突の意
味や正しさを論じるために台詞を使用している。しかしベトナム
戦争映画には猥雑さを取り込む点で非常に大きな変化があり，そ
れゆえにそれ以前の戦争映画とは一線を画す」というのである。

　1965 年に北ベトナム空爆を本格化させたアメリカが，1975 年
にサイゴンから撤退するまで続いたベトナム戦争を題材とする映
画は，1974 年にニクソン大統領が退陣してから，本格的に作ら
れることとなった（川本（2013: 120））。フランシス・コッポラ監
督の『地獄の黙示録』（1979）や，マイケル・チミノ監督の『ディ
ア・ハンター』（1978）が初期の作品である。戦場を描いたこう
した作品以外に，ベトナム戦争帰還兵を描いたマーティン・スコ
セッシ監督の『タクシードライバー』（1976）など，帰還兵，戦
争後遺症も映画の主題となっている（生井（2013: 227–228））。

　本章では，ベトナム戦争での負傷兵を描いた『7月4日に生ま
れて』（1989）を扱う。また，タブー語の使用について比較して
補足するために『西部戦線異状なし』（1930）および『グリーン
ブック』（2018）を扱う。

『7月4日に生まれて』（*Born on the Fourth of July*）1989 年

あらすじ：ニューヨーク州の敬虔なカトリック教徒の家庭
で育ったロン・コーヴィックは，レスリング選手として訓練
を続けていたが大きな大会で敗れ挫折し，高校にリクルート
に来たアメリカ軍海兵隊に入隊する。ロンは国のために奉仕
するという愛国心からベトナムへの派遣を志願するが，戦地
で負傷して半身不随となり帰国して治療を受ける。帰郷した

ロンは英雄として賞賛されるのではなく戦争の犠牲者として
同情を受ける。さらにベトナム戦争反対の思想を持つ人々が
多いことに驚き自暴自棄になるが，やがて自分も反戦思想へ
と考えを変えていく …

8.2. 『7月4日に生まれて』のタブー語使用

8.2.1. 概観

『7月4日に生まれて』の英語の特徴は，タブー語の使用が，
主人公の境遇，信条，感情の変化と連動しており，ベトナム帰還
兵の視点から見た反戦映画という映画の主題を，言語的側面から
伝えていることである。

具体的には，タブー語が多用される場面と用いられない場面が
明確に分かれていること，および，タブー語使用についてメタ言
語的に言及する台詞があることが特徴的である。

タブー語が多用される場面は，ベトナム戦争の戦場，ロンが負
傷して治療を受けているアメリカの病院，帰郷後友人と再会する
場面，かつて思いを寄せていた女性を訪ねたあと失望し酔って自
暴自棄になる場面，メキシコ旅行，共和党大会で反戦デモに参加
する場面である。

一方，タブー語が用いられないのは，ベトナム戦争に従軍する
までの故郷での高校生活を描いた場面，負傷して車椅子に乗り帰
郷して家族や近所の人々に迎えられる場面，独立記念日のパレー
ド，そして映画のラストシーンである民主党大会のスピーカーと
して舞台に上がる場面である。

なお，タブー語の使用がメタ言語的に言及されるのは，ロンの

母親がロンに向かって言う台詞である。ロンが育ったのは敬虔なカトリック教徒の家庭で，特に母親は信仰心が篤く，息子の宗教的タブー語や，性に関するタブー語の使用を強く叱責する。以下，例を挙げながら説明する。

8.2.2.　タブー語の多用される場面

『7 月 4 日に生まれて』で用いられるタブー語は，ベトナムの戦場で突然出てくる。ロマンチックな「ムーンリバー」の音楽に合わせてロンが好意を抱くドナとダンスをする高校卒業パーティーから，場面は急に切り替わる。オレンジ色の空を背景に戦場を歩いてくる兵士たちの姿が黒いシルエットで映り，爆弾投下の音と無線通信の音が聞こえてくる。やがて兵士たちは，集落を襲撃する。その場面で突如，タブー語頻出の台詞が聞こえてくる。

(1) Cease fire.　Cease fire, you asshole.　What the fuck are you doing?　　　　　　　　　　　　(0:29:32)

　　（やめろ，やめろ，この馬鹿。いったい何をやってるんだ？）

(2) Motherfucker! Baldy, on me.　　　　　　(0:29:57)

　　（くそ！ ボールディ，俺について来い。）

(3) I want to light up this ville like a motherfuking Christmas tree.　I think we got them!　This time I think we fucking got them!　　　　　(0:29:12)

　　（俺はこの村をクリスマスツリーみたいに明るく火をつけたいんだ。やったぞ。今度こそやってやった。）

(4) God damn it. I want to know what happened. (0:29:46)

（くそ！　何がおこったんだ。）

(1) (2) はロンの台詞で，同じ隊の兵士への呼びかけとして you asshole，また，疑問文における強意語としての what the fuck，さらに間投詞的な motherfucker などが用いられている。いずれもタブー語が間断なく使われている。(3) (4) は上官の台詞で，a motherfucking Christmas tree や fucking got them の motherfucking や fucking は，直接的な意味を添えるわけではなく，表明されている感情の荒々しさを強調している。

　ライフル銃を構えた敵兵が潜んでいると思っていた村の家を射撃後，中に入っていくと，家の中にいたのは女性と子供などの民間人で血を流して亡くなっていた。その姿を見た兵士たちの驚きや狼狽もまた，タブー語に満ちた台詞で伝えられる。

(5)　"Oh, my God." "We didn't do this, did we?" (0:30:56)
　　（「くそ，」「俺たちがやったんじゃないよな？」）

(6)　"Oh my God." "Jesus Christ."　　　　　　(0:31:02)
　　（「オーマイゴッド！」「ジーザス・クライスト！」）

(7)　We wasted them. Motherfucker! We wasted them!
　　　　　　　　　　　　　　　　　　　　　　(0:31:20)
　　（無駄死にさせた，くそ！　無駄死にさせたんだ！）

(8)　There ain't no fucking rifles. Damn it." "Jesus fucking Christ! Well, help him, then." "Oh motherfuck!" "Fucking great." "Shit."　　(0:31:48)
　　（「ライフルなんてないじゃないか，くそ」「ジーザス・ファッキング・クライスト！　じゃあ手伝ってやれよ」「おー，マザーファック」「くそすごい」「くそー！」）

戦場の場面が続く間，兵士たちの台詞には oh my God, Jesus Christ, Damn it, shit, fuck, motherfucker などの語が頻出する。誰が何を言っているかということよりも，(5) から (8) に見られるようにいずれの兵士の口からもほぼタブー語しか出てこないことが印象的な戦場の場面である。

　ロンはこのときに部下の仲間の兵士を誤射して死なせてしまう。そのことを夜，宿営で，I might have killed him.（私が彼を殺したかもしれません）と上官に報告に行くが，上官は即座に I don't think so.（そんなことはない）と否定する。I think I have killed him.（私が彼を殺したと思います）と食い下がるロンに上官は次のように言う。

(9)　Don't talk like that. I don't need anybody to come in
　　　here and tell me this <u>shit</u>.　　　　　　　　　　(0:36:52)
　　　（そんな口をきくな。俺のところにやってきてこんな<u>くそみた</u>
　　　<u>いな話</u>をすることは誰にも許さない。）

戦闘場面に比べるとタブー語は少ないが，ここでも shit が使われている。

　ベトナム戦争の戦場の場面でタブー語が始終使われていること，特に戦闘場面ではほぼタブー語のみが使われていることは，次節以降で述べるその他の場面と比較すると対照が明らかになる。

　なお，戦場で使っていたようなタブー語を帰国後は使用していなかったロンも，ベトナムに従軍して帰還した友人ティミーと再会して戦場を振り返って話す場面ではタブー語を使い始める。互いに自分が負傷したときのことを話しながらロンとティミーの台

詞にはタブー語が増えていく。

(10) Walked into a whole <u>fucking</u> battalion of them. Got shot in the foot. I just got up, running around like I was, back in the woods again, like I was John <u>fucking</u> Wayne myself, emptying a mag, screaming, Come on Charlie, <u>mothterfucker</u>! Come on out, Charlie, <u>motherfucker</u>! Dadadada. (0:17:21)

（あいつらの<u>くそ</u>歩兵隊のなかに入って行った。足を撃たれた。立ち上がって，走り回った。森の中に戻ったように。自分がジョン・<u>ファッキング</u>・ウェインのふりをして。弾倉を空にして，叫んでいたよ。来い，ベトナム兵，<u>くそども</u>。出てこい，ベトナム兵，<u>マザーファッカー</u>，ダダダダ！）

ロンのこの台詞のなかで，Come on Charlie 以下は伝達動詞 screaming に続いており，当時の発話を思い出して直接話法で語られている。その部分に，motherfucker が用いられている。また，それ以外にも a whole fucking battalion や John fucking Wayne など特に意味を持たないタブー語が挿入されている。戦場の場面とタブー語が強く結びついていることを示す台詞である。

なお，(10) の mag は magazine の略で「（連発銃の）弾倉」を意味する。Charlie はベトナム戦争時の軍の俗語で，北ベトナム軍（つまり米軍にとって敵軍）の兵士を指す。

映画の原作となった同名の自伝的小説では

(11) But he was determined, even though he didn't under-

stand why they had to be so angry and so mean, why
they had to scream and shout and curse the way they
did. (Kovic (2019: 92))

（しかし彼は決意していた。彼らがどうしてそんなに怒ってい
て意地悪なのか，どうしてあんなふうに叫び，大声を出し，
罵らなければならないのかはわからなかったが。）

という場面がある。海兵隊に入った主人公が訓練を受け始めたと
きの内省のなかで上官の怒りと罵り語に満ちた叫び声が言及さ
れ，なぜそのように叫んでいるのかわからないと述べている部分
である。映画には，このように主人公がタブー語について内省す
る場面はなく，主人公が受けた衝撃はタブー語の頻繁な使用に
よって観客に直接伝えられている。

8.2.3.　タブー語の用いられない場面

　ロンが海兵隊に入る前の家庭や高校での生活を描いた場面では
タブー語は用いられない。また，ロンが下半身不随となって車椅
子に乗って帰郷したときに，家族や近所の人々が出迎え，ロンと
交わす挨拶には，何度も繰り返して good という語が用いられる。
ロンの台詞，近所の人の台詞のなかに good の語が続けざまに表
れる箇所を引用する。以下は一つの台詞ではなく複数の話者の台
詞を並べている。

(12)　Good to have you home.
　　　You look good.
　　　It's good to be home.　It's OK.　I'm OK.
　　　Gee everybody looks so good.

You look <u>good</u>. You look <u>good</u>.

So <u>good</u> to see you.

It's <u>good</u> to have you.   (0:58:58)

（あなたが帰ってきて<u>よかった</u>。

<u>元気</u>そうね。

家は<u>いい</u>ね。大丈夫，僕は大丈夫。

わあ，みんな<u>元気</u>そうだね。

<u>元気</u>そうだ，<u>元気</u>そうだ。

会えて本当に<u>よかった</u>。

帰ってきてくれて<u>うれしい</u>。）

Good という語の意味やそれを述べる人々の笑顔とは裏腹に，車椅子に乗ったロンを迎える人々の目は好奇心に満ちている。一方，家族はロンが負傷して帰国したことを温かく受け止め，平気な様子を見せようとしているが笑顔がぎこちない。Good という語が反語的に空疎に響く場面である。

　この場面の後，ベトナムでの負傷を後悔してベトナム戦争反対運動が広まっていることに反感と嫌悪を抱くロンは，自暴自棄になっていく。その様子はタブー語の多い台詞で描かれる。

8.2.4. タブー語の使用を咎める場面

　負傷して帰国したロンは，ベトナムの戦場を知らずに国威掲揚を煽っている政治家に共感できず，一方で，反戦運動を展開する抗議者たちにも共感できずに，鬱屈を深めていく。その結果，家族の前でもタブー語を用いるようになる。

(13)　Ron:　　They burn the flag, demonstrate against us

> on the cover of the paper today. They have
> no respect. They have no idea what's going
> on there. The men sacrificing their lives.
> Nobody back here seems to care. It's a
> bunch of goddamned shit if you ask me.

Mother:　Ronnie, Don't take the Lord's name in vain,
　　　　　not in front of the children.　　　　　(1:06:18)

（ロン：　新聞の一面では，やつらが国旗を燃やして，俺たちへ
　　　　の抗議デモを行っているところが載っている。敬意な
　　　　んてない。あそこで何が起こっているのかまるでわ
　　　　かっていない。男たちが命を犠牲にしているんだ。こ
　　　　こじゃ誰もそんなこと気にしていないようだ。くそく
　　　　らえだよ，俺に言わせれば。

　　母：　ロニー。子供たちの前でそんな言葉づかいはやめて。）

　ロンが goddamned shit と吐き捨てるのに対して，敬虔なカト
リック教徒である母は神の名をみだりに唱えることを咎める。少
なくとも幼い弟妹の前では控えてくれと言うのである。

　やがてロンの不満は高まる。ロンは思いを寄せていたドナをシ
ラキュース大学に訪ねるものの，彼女が既に新しい世界で交友関
係を築き，反戦運動に深く関わっていることを目の当たりにし
て，自らが否定された思いを強くし，酒場で泥酔する。その後，
帰宅した場面で，母に飲酒を咎められたロンはタブー語を使う。

　ロンが fuck you と母に向かって言った言葉は，母には聞き捨
てのならないもので，母は What did you say to me? とその言
葉を強く聞き咎める。

(14) Ron: You want to hide us cause it is a can of <u>shit</u>.
And I am a <u>fucking</u> dummy … Don't you
<u>god</u> and your <u>bullshit</u> dreams about me.
You are ashamed of me. <u>Fuck you</u>.

Mother: What did you say to me?

Ron: <u>Fuck you!</u> (1:34:35)

（ロン： お母さんは俺たちを隠したいんだ，<u>くそ</u>みたいなんも
んだから。<u>くそ</u>みたいなまがい物だから（略）神だの
なんだの，俺についての<u>くそ</u>みたいな夢だのやめてく
れ。俺のことを恥じているんだろう。<u>ファックユー</u>！

母： 私に向かって何と言ったの？

ロン： <u>ファックユー</u>だ！）

ここではタブー語が，a fucking dummy という表現のなかで強
意語として用いられるだけでなく，fuck you のように聞き手で
ある母に向けての罵り語としても使われる。後者にはより強いタ
ブー性があり聞き手の反応を引き起こす。

ロンと母との対立はロンが penis という語を使ったところで頂
点に達する。

(15) Ron: There's no God. God is as dead as my legs.
There's no God, there's no country. It's
nothing. It's just me in this <u>fucking</u> wheel-
chair, for the rest of my life for nothing.
Me and this, this dead <u>penis</u>.

Mother: Oh, god, <u>for God's sake</u>.

Ron: <u>Penis</u>.

Mother: I can't stand it any more. To hell with you, Ron.

Ron: In church they say it's a sin if you play with your penis. I just wish I could.

Mother: Don't say penis in this house!

Ron: Penis. Penis. Big fucking erect penis, mom. Penis! Penis.　　　　　　　　　　(1:36:50)

（ロン：神なんていない。神なんて俺の脚みたいに死んでいる。神はいない，国もない。何もない。この忌々しい車椅子に座った俺がいるだけだ。残りの人生ずっと，ただ何もせずに。俺とこいつ，この死んでしまったペニス。

　母：　おお，神よ。お願いだから。

　ロン：ペニスだ。

　母：　もう我慢できない。地獄へ行ってしまいなさい，ロン。

　ロン：教会ではペニスをもてあそぶのは罪だといわれるけれど，俺はそれができれば，と思うよ。

　母：　この家でペニスだなんていわないで。

　ロン：ペニス，ペニス。大きな立ったペニスだよ。お母さん。ペニス，ペニス！）

　ここでは性的な penis というタブー語使用が，ロンの怒り，不満を表し，また，タブー語を許さない母の維持してきた家庭の規範との不和を生み出す。そして母までが To hell with you. のようなタブー語表現を使っている。

　このように『7月4日に生まれて』では，ベトナム戦争の戦場の場面の凄惨さや，帰還兵のトラウマを表出する台詞で，タブー

語が多用されており，そのことが映画の主題を言語面から伝えていると言えよう。戦争という主題が，タブー語使用に直結するわけではない。ベトナム戦争を扱った映画が作られるようになったのは，プロダクション・コードによるタブー語規制がなくなってからであったため，タブー語の多用により戦争の暴力性を言語的に表す手法が取られたものである。

　次に，1930年の『西部戦線異状なし』を取り上げて，異なる時代の戦争映画ではタブー語が使用されていないことを述べる。

8.3.　タブー語のない戦争映画
——『西部戦線異状なし』

　『西部戦線異状なし』はエーリッヒ・マリア・レマルクの同名の小説を原作とするルイス・マイルストン監督の映画で，アカデミー賞作品賞等を受賞した。愛国心から第一次世界大戦に志願したドイツの少年が戦争の現実を知ることになる反戦映画である（第4章参照）。主題が『7月4日に生まれて』と似ていることもあり，比較対象として選ぶ。

　『西部戦線異状なし』の公開された1930年は，プロダクション・コードが策定されたもののプロダクション・コード管理局による強制力はなかった時期である。

　この映画前半には故郷では郵便局員だったヒンメルストスが志願兵として少年たちの上官となって厳しい訓練をする場面がある。

　(16)　What a pretty sight that is.　Have you ever heard of

standing in line? You'll make a fine mess of it. Well,
I'll have to teach you. We'll spend the whole day on
it, huh? You may be stupid, but I'm used to that.
And then there'll be plenty of other things, too. Oh,
I'll not neglect you. You are not much to begin with,
but I'll do my best.
(0:12:50)

（なんていい眺めだ。一列に並んで立つってことを聞いたこと
があるか？　めちゃくちゃになるだろうな。まあ，俺が教えて
やらなきゃいけないな。一日かけてな。お前たちは馬鹿かも
しれないが，俺は馬鹿には慣れている。それから他にもいろ
いろあるぞ。お前たちを無視したりしないさ。最初は大した
ことないが，俺はベストを尽くす。）

少年たちはこれまでと同様に気安くヒンメルストスに話しかける
が，ヒンメルストスが階級が違うと腕章を見せ，上官として厳し
く訓練し指導することを告げる台詞が（16）である。You may
be stupid, but I'm used to it. のような相手を軽んじる台詞はあ
るが，そこにタブー語は用いられていない。『7月4日に生まれ
て』での上官の台詞（9）で this shit が用いられているのとは対
照的である。

　夜，戦場に鉄線を張りに行った兵士が潜んでいた敵に撃たれる
場面がある。（17）は出かけていく場面で，撃たれた兵士を安全
な場所に移動させた兵士を上官が叱責する台詞が（18）である。
また（19）は戦場で倒れた兵士に立ち上がるように呼び掛ける台
詞である。

（17）　Now you're gonna see some shell fire, and you're

gonna be scared, see? It's all right, boy. Get up. Here, never mind. It's happened to better men than you. It happened to me. When we come back, I'll get you all some nice clean underwear. (0:28:25)

（さあ，爆弾の炎を見て，お前たち震えあがるぞ，いいか。大丈夫だ。立て。さあ，気にするな。お前よりまともな奴だってやったことだ。おれもやった。帰ったら，お前たち全員にきれいな下着をくれてやるから。）

(18) Why did you risk your life bringing him in? ... He's a corpse, no matter who it is. Now don't any of you ever do that again. (0:32:45)

（こいつを連れて帰るのにどうして自分の命を危険にさらしたんだ？（略）誰であれ，もう死体だ。お前たち，二度とこんなことをするな。）

(19) It's just a scratch, you <u>yellow rat</u>. Up! Get on with the others. Up! You <u>yellow rat</u> ... <u>Stinking yellow rat</u>! (1:12:38)

（ただの引っかき傷だ，<u>臆病なネズミ</u>め。ほかのやつらのところへいけ。立つんだ。<u>臆病ネズミ</u>（略）<u>臭い臆病なネズミ</u>！）

(17) では I'll get you all some nice clean underwear のように，下着に言及して，失禁をほのめかすような台詞はあるが，直接排泄に関わる言葉は用いられない。(18) は命令に従わずに仲間を助けに行った兵士を叱責する台詞であるが，ここにも，Now don't any of you ever do that again. という命令のなかに強意語のタブー語は使用されていない。(19) は yellow rat という俗語

が使われており，yellow は「臆病な」，rat は「ダメな人間」といった意味であるが，タブー語ではない。

　『7月4日に生まれて』ならばタブー語が多用されるであろう状況の，戦場の場面や部下に対する上官の台詞でも，『西部戦線異状なし』ではタブー語が用いられていないことが確認できる。

8.4. タブー語使用と登場人物の描き方
──『グリーンブック』

　今日アメリカ映画を見るときにタブー語の fuck, damn, shit などを戦争映画やギャング映画で聞くことに驚きはなく，それ以外のジャンルの映画で使われることももちろん多い。最後に，タブー語使用による登場人物の描き方を『グリーンブック』の例で見ておこう。

> 『グリーンブック』(*Green Book*) **2018 年**
> あらすじ：1960 年代のニューヨークおよびアメリカ南部を舞台に，アフリカ系アメリカ人でピアニストのドンと，人種差別の強く残るアメリカ南部で演奏旅行を行うドンのボディガードを務めることになるイタリア系アメリカ人トニーの交流を描く。アフリカ系アメリカ人に対して強い偏見を持っていたトニーが，ドンの演奏を聴き，一方で南部でドンの受ける激しい差別を目の当たりにしながら意識を変えていく。

　『グリーンブック』の中には次のような会話がある。これは，それまで洗練された話し方をしていたドンが，激情にかられてdamn を使う場面である。

132

(20)　Tony:　You don't know <u>shit</u> about your own people.
　　　　　　What they eat, how they talk, how they live.
　　　　　　You didn't know who Little Richard is.

　　　Don:　Oh, so knowing who Little Richard makes you
　　　　　　blacker than me?　Oh, Tony, I wish you could
　　　　　　hear yourself sometimes.　You wouldn't talk
　　　　　　so <u>damn</u> much.

　　　Tony:　<u>Bullshit.</u> I know exactly who I am.

　　　　　　　　　　　　　　　　　　　　　　(1:31:30)

（トニー：　あんたは自分の仲間たちについて<u>くそ</u>ほども知らな
　　　　　い。何を食べるのか，どんなふうにしゃべるのか，
　　　　　どんなふうに暮らしているか。リトル・リチャード
　　　　　が誰かも知らなかったな。

　　ドン：　ああ，じゃあ，リトル・リチャードを知っている
　　　　　ことで，君は私より黒人的だと言うのかい？　ああ，
　　　　　トニー，自分が何を言っているか時には耳を傾けて
　　　　　くれよ。そうしたらそんなに<u>忌々しい</u>ほど話さない
　　　　　だろうよ。

　トニー：　<u>ばかばかしい</u>。俺は自分が誰か知ってるよ。）

　映画後半のこの場面でドンが damn を使うことが衝撃的なの
は，それまでのドンがタブー語を決して使わない<u>上品な話し方を</u>
する人物として描かれてきたからである。
　ブロンクスの貧しい地域で生まれ育ち今も暮らすトニーは非標
準的な文法やタブー語を多用する人物として描かれる。たとえば
(21)でも goddamn や shit を使っている。一方，数か国語を話

し洗練された語彙，話し方をするドンは，(21) のようにトニー
の言葉遣いの汚さを咎め，また (22) のようにトニーが書く家族
への手紙についても助言をし口述してやるほどであった。

(21)　Tony:　I don't need no <u>goddamn</u> help.　If people
　　　　　　　　don't like the way I talk, they can go <u>take</u>
　　　　　　　　<u>shit</u>.

　　　　Don:　The <u>profanity</u> is another issue.　　　　(0:36:20)

　　　（トニー：　俺は<u>忌々しい</u>助けなんかいらない。俺の話し方が気
　　　　　　　　に入らなくても<u>くそ</u>我慢しろ。

　　　　ドン：　冒涜的な言葉遣いも問題だ。）

(22)　Tony:　I miss her <u>shit</u>.

　　　　Don:　Then say that.　But do in the manner that no
　　　　　　　　one has ever done that before.　And without
　　　　　　　　the <u>profanity</u>.　　　　　　　　　　　(1:08:30)

　　　（トニー：　あいつが<u>くそ</u>恋しい。

　　　　ドン：　じゃあそれを言うんだ。でも，これまで誰も言った
　　　　　　　　ことがない言い方で。それから<u>汚い言葉</u>を使っては
　　　　　　　　だめだ。）

(21) ではトニーが goddamn を no help を強めるための強意語
として使い，take shit を，「我慢する」の意味や単に軽蔑を表す
「くそくらえ」のような表現として用いている。これに対してド
ンが「冒涜的な言葉（profanity）も問題だ」とトニーに話し方を
改めるように言っている。

　(22) でも profanity という語が使われる。ここではトニーが
直前に用いている強意の shit を指しており，profanity は神への

冒涜に限らずタブー語使用も指している。

　トニーとドンの話す英語は，人種も生まれ育ちも現在の境遇も大きく異なる二人の違いを表す要素のひとつとしてこの映画の中で機能している。そしてこのように高潔なドンも damn を使ってしまった場面が（20）であり，その1語が印象に残る。このように『グリーンブック』ではタブー語は，登場人物の描写およびプロットの展開に効果的に使用されている。

　これは『7月4日に生まれて』の敬虔な母が（15）で To hell with you, Ron. とタブー語を使うときの効果と同じである。

コラム②

ハリウッド映画のなかの sushi

　ハリウッド映画のなかにスシの姿が垣間見られるようになって久しい。

　日本企業のアメリカ進出が目覚ましかったバブル経済期に作られたオリバー・ストーン監督の『ウォール街』（*Wall Street*, 1987）では，高層マンションに寿司飯握り機を備えた若いビジネスマン，バドの姿が描かれていた。米飯が一口大の握り寿司になって出てくる機械のハンドルをマーティン・シーン演じるバドは嬉しそうにくるくると回し，魅力的な女性との夕食を用意している（1:10:15）。

　バドはウォール街の投機家ゴードン・ゲッコー（マイケル・ダグラスの当たり役である）に心酔するあまり，自分の父の会社の内情を教えてしまい，結果的に父の会社を危機に陥らせる。バドが父とゴードンを自分のマンションで引き合わせる場面でも，自家製の寿司がふるまわれる。

　小さな航空会社で働く実直なバドの父は，ふるまわれた握り寿司を手に取るものの，疑わし気に魚の匂いを嗅ぐだけで口をつけない(1:23:30)。英語の fishy という形容詞は「疑わしい，胡散臭い」などの意味を持つが，まさにこの場面は，バドの父がバドやゴードンに対して持つ不信感が，寿司に対する不信感として描かれているといえる。

　バドの父は，航空会社で労働組合を通じて労働者の雇用を守ろうとする立場で，バドのニューヨークのマンションの内装を見たときい「（こんなところに来たら）共和党支持者になるな」(I'll be a lousy Republican.) とコメントしている。この映画においては，寿司は，都会の富裕層の食べ物，流行に敏感な一部の人が飛びつく食べ物として描かれていた。sushi という語は映画の台詞のなかには出てこないが，握りずしの映像が映画の要所に現れていた。

　一方，30 年以上経った 2019 年の映画では，随分と事情が異なっている。『スキャンダル』(*Bombshell*, 2019) においては，寿司は sushi として言及され，また，リベラル，進歩的な連想を呼び起こすものとして描かれるようになった。次のようなやりとりである。

> "What is that?"　"Oh, I, just grocery store sushi."　"Hmm."
> "Sushi is not liberal food."　"I didn't say that it was."
>
> 　　　　　　　　　　　　　　　　　　　（『スキャンダル』0:54:33）
> （「それは何？」「あの，スーパーで買ったスシです」「うーん」「スシはリベラルな食べ物ではありません」「そんなこと言ってないわ」）

『スキャンダル』は，保守的な報道傾向で知られる FOX ニュースの創立者ロジャー・エイルズの醜聞を描いたジェイ・ローチ監督の映画である。シャーリーズ・セロン，ニコール・キッドマン，マーゴット・ロビーら実力派人気女優が，FOX ニュースの看板番組キャスター，元・人気キャスター，野心的な若手キャスターの役を演じる。洗練されたスーツを着こなして報道を担当する彼女たちの番組

外での台詞がタブー語に満ちていて好戦的なことも見どころの一つである。

この映画のなかで，FOX ニュース創立者エイルズの妻で地方紙の発行人であるベス・エイルズが，部下が昼食に食べようとしている寿司を不快そうに見るのがこの場面である。「スシはリベラルな食べ物ではありません」と弁解する部下に彼女は，「そんなこと言ってないわよ」と言うのだが，明らかに批判的な表情を見せている。なおこの少し前の場面でベスは，電気自動車プリウスとフード付きパーカーもリベラルな事物として否定的に言及している。

『ウォール街』から 30 年。アメリカにおいて寿司が sushi として認知されるようになり，スーパーで手軽に買えるものとなったことがうかがえる。

こうした寿司のイメージの変化に合わせるように，アメリカ映画のなかの寿司の表象も変化している。たとえば，次の台詞を見てみよう。

"I need to know more about her." "Like what?" "Details. You know, details make a person. Are you going to tell her taste in art? Is she MoMA or MET? She eats sushi or soul food?" (0:17:32)

（あなたのお母さまについて知りたいのよ。たとえば？ 細かいこと。細部が人を作るもの。あなたのお母様，アートはどういうお好み？ MoMA それとも MET？ スシはお好き？ それともソウルフードかしら？）

サリム・アキル監督の『ジャンピング・ザ・ブルーム〜恋と嵐と結婚式〜』（*Jumping the Broom*, 2011）で，主人公のサブリナが婚約者のジェイソンに尋ねる台詞である。

ニューヨーク近代美術館（MoMA）とメトロポリタン美術館（MET）といえば，ニューヨークを代表する美術館の双璧であり，か

たやモダンアートの殿堂，かたや世界三大美術館のひとつと言われる名門美術館である。ソウルフードはアフリカ系アメリカ人の伝統料理を指すので，この語順から考えると，スシがモダンアート的で，ソウルフードが王道実力派ということになる。ニューヨークでもスーパーマーケットで手軽に買えるようになったスシが，モダンな好みの代名詞として用いられている。

　大金持ちの女性と庶民的な男性の格差婚を扱ったこのロマンチック・コメディの主役の男女はアフリカ系アメリカ人である。「ジャンピング・ザ・ブルーム」つまり「箒を（花嫁が）飛び越える」というのはアフリカ系アメリカ人の婚礼における伝統である。かつて花嫁として自分が飛び越えた箒を息子の結婚式に持ってきた新郎の母と，古いしきたりを取り入れたくない新婦が対立することになる。

　資産家の一人娘として生まれ，マンハッタンのハイカルチャーに慣れ親しんで育ったサブリナにとって，MoMA を好むか MET を好むかは個人の人となりを示す重要な情報なのだろう。一方，ジェイソンの母はブルックリンで病院の受付スタッフとして働いて息子を育て上げた，たくましい女性として描かれる。MoMA にも MET にも興味がないのではないかと思われるが，スシとソウルフードならきっとソウルフードだろう。

　ハリウッドの大手スタジオで映画製作に携わったあと，監督として独立したアンソニー・ルセロ監督は，脚本も担当した映画『イーストサイド・寿司』（*East Side Sushi*, 2014）で，カリフォルニアを舞台にメキシコ系のシングルマザーの女性が人種，性別による差別を乗り越えて寿司職人になろうとする物語を描いた。ここでは，寿司職人が，社会的弱者が選び取る一定の存在感を持つ職業として描かれている。

　そういえば，ディズニーのアニメーション映画『ベイマックス』（*Big Hero 6*, 2014）の登場人物の一人の名は Wasabi（ワサビ）であった。映画ではアフリカ系の登場人物である Wasabi は原作漫画

では，Wasabi-No-Ginger（ワサビであってショウガでない）という名を持つアジア系（日本系）の寿司職人であった。ここにも，寿司の影がある。

　寿司の国際的な認知や人気の高まりにつれて，アメリカ映画における寿司の表象も進化している。これからも目が離せない。

第9章　アメリカ南部を描いた映画の英語
――オーセンティシティと「わざとらしさ」の間

9.1.　はじめに

　本章では，地域方言を映画で用いるときのオーセンティシティ（本物らしさ，authenticity）と，「わざとらしさ」について，アメリカ南部英語を例としてとりあげて論じる。

　アメリカ南部を描いた映画の登場人物が話す英語で「南部らしさ」を示す特徴は何だろうか？　まず思い浮かぶのが，サザンドロール（南部の引き延ばし，Southern Drawl）と呼ばれる，長く伸ばし鼻音化した母音であろう。このほかに，二重母音の単母音化（/aɪ/ が [ɑː] に変化）も大きな特徴である。

　南部アラバマ州出身の主人公フォレスト・ガンプの半生を描いた映画『フォレスト・ガンプ　一期一会』（*Forrest Gump*, 1994）の冒頭シーンでは，フォレストがバス停のベンチで，隣に座った女性に次のように語りかける。

　(1)　Hello.　My name is Forrest, Forrest Gump.　Do you

want a chocolate?　I can eat about a million and a
half of these.　My mom always said, life is like a box
of chocolates.　You never know what you're going to
get.　　　　　　　　　　　　　　　　　　　　　(03:18)

（こんにちは。僕の名前はフォレスト，フォレスト・ガンプで
す。チョコレートいかがですか？　僕はこれを 150 万個は食べ
られますよ。母がいつも言っていました，人生は一箱のチョ
コレートのようだと。何が入っているかわからない。）

　話しかけられた女性は軽く会釈をするが話し相手にはならず本を
読み始める。チョコレートを勧められても首を横に振る。人に対
して警戒心を持たずに心を開くフォレストの性格を表す印象的な
場面である。

　フォレストの話し方はゆっくりとしている。速度の遅さに加え
て，アメリカ南部英語の母音を長く伸ばす特徴がそうした印象を
与えるためでもある。この映画の有名な台詞 "Life is like a box
of chocolates." のなかの life や like の二重母音 /aɪ/ は，母音の
始まりの音が長く伸ばされて「ラーイフ」「ラーイク」のように
聞こえる。

　大学の授業でフォレスト・ガンプの英語を取り上げて，南部英
語の特徴について話すと，受講生からは，これは地域方言ではな
く，IQ が平均よりも低いという設定のフォレスト独自の話し方
ではないかと言う質問が出ることがある。確かにフォレストの英
語は個人の特徴を描いているが，彼が南部のアラバマ州出身であ
ることも表している。この方言の特徴はフォレスト自身の台詞の
みならず，フォレストの母の台詞でもはっきりと聞くことがで

きる。

　フォレストを演じるトム・ハンクス（Tom Hanks）はカリフォルニアの出身で，南部英語は彼の演技である。こうした南部英語の母音特徴を用いることで，南部らしさを演じているのである。演技の巧拙については別の機会に譲ることとして，本章ではこのように，アメリカ南部を舞台とする映画で本物らしさを出すのに用いられる発音特徴について考察する。

　なおアメリカ南部英語は，ハリウッド映画のなかでもよく取り上げられるアメリカの地域方言であり，母音を伸ばすというような音声特徴は，日本人英語学習者にとっても聞き取りやすい。南部英語の出てくる映画は，アメリカ英語に地域方言があることを示すよい教材になり得るであろう。まず次節でアメリカ南部英語の音声特徴を述べる。

9.2.　アメリカ南部英語らしさを表す音声特徴

9.2.1.　アメリカ南部英語とは

　アメリカ南部とは，地理統計上は合衆国南東部に位置する 16 の州を含むが，狭義には南北戦争時にアメリカ連合国（1861–65）を形成したサウスカロライナ州，ミシシッピ州，フロリダ州，アラバマ州，ジョージア州，ルイジアナ州，テキサス州の 7 つの州を指す。本章で扱う映画は，この狭義の南部を舞台にしたものである。

　歴史的に見ると南部のなかでも地域方言の差は大きかったが，南北戦争以降は農業中心だった経済構造が変化して人口の都市流入が進んだため，南部各地の地域方言が融合されて，より広範囲

で話されるアメリカ南部英語が生まれた。この動きは，20世紀の大恐慌，第二次世界大戦などでさらに進む。

　この地域の特徴的な英語変種として，主として白人話者が話すアメリカ南部英語と，アフリカ系アメリカ人話者の話すアフリカ系アメリカ英語がある。両者には共通する特徴もあるが，変種としては異なる二変種であり，本稿では主として白人話者（ヨーロッパ系アメリカ人話者）を想定したアメリカ南部英語について述べている。

9.2.2.　アメリカ南部英語の特徴
【母音の特徴】

　本節では，Charles Boberg の研究『北米の映画とテレビ番組における訛り―社会音声学的分析』(*Accent in North American Film and Television: A Sociophonetic Analysis*)（以後 Boberg (2021)）を参照しながら，アメリカ南部英語の音声特徴を述べる。アメリカ南部の農村地帯の白人話者の音声特徴について記述した Thomas (2008)，南部都市部の英語の音声特徴について記述した Tillery and Bailey (2008) も適宜参照する。

　Boberg (2021) を主たる文献として用いるのは，この研究が，アメリカとカナダの 1930 年代から 2000 年代までの映画・テレビ番組における英語の発音の変化を分析したものであり，設定された問いのひとつが，映画・テレビ番組で用いられる地域方言と，Boberg らが他所で社会言語学的に収集・分析した地域方言の違いの調査だからである。

　Boberg (2021: 12) は大西洋岸からテキサスに至るまでの南部英語についてウィリアム・ラボフ（William Labov）が提唱した

南部母音推移（Southern Vowel Shift）を以下のように説明する。
なお Boberg は Labov の発音表記法とジョン・ウェルズ（Wells）
の標準語彙，および綴り直しを使って記しているが，本章では
Labov の表記法を *Longman Pronunciation Dictionary* の表記法
に改めて記す。Boberg の綴り直しは，音変化の近似的な印象を
表すために用いられており，語によって，話者によって異なるも
のである。

最初の変化
　　PRICE の母音 /aɪ/ → [ɑː]　buy time が bah tahm のよう
　　　に聞こえる。
その結果，前舌母音の中核音が下降する
　　FLEECE の母音 /iː/　be が bay のように，
　　FACE の母音 /eɪ/　bay が buy のように聞こえる。
前舌短母音は上昇しわたり音が加わるので
　　KIT の母音 /ɪ/ → [ɪjə]　bid が bee-id のように，
　　DRESS の母音 /e/ → [ejə]　bed が bay-ed のように，
　　TRAP の母音 /æ/ → [æjə]　bad が buy-ad のように聞こ
　　　える。
その結果，後舌二重母音の最初の音が前舌化する。
　　GOOSE の母音 /uː/　goose が gi-oose のように，
　　GOAT の母音 /oʊ/　goat が ge-oat のように，
　　MOUTH の母音 /aʊ/　mouth が ma[æ]-uth のように聞こ
　　　える。

　このなかで特に聞き取りやすい特徴は /aɪ/ → [ɑː] の変化であ
る。Boberg（2021: 206–207）は『北米言語地図』（*Atlas of*

North American English）が，南部方言を話す地域を「PRICE
の母音が語末でも（例：tie），有声妨げ音（例：size, tide）の前
でも単母音 [ɑː] と近似的な音声的性質を持つ地域」と定義する
ことを紹介する。そしてこの単母音化が「鼻音や流音の前（fine,
time, mile, mile, tire など）で起こるのは，南部以外の大西洋
岸中部や中部地域を含む広い地域で見られる特徴だが，無声妨げ
音の前（nice, tight など）で起こるのは，南部のなかでも中核地
域のみに限ったことで，テネシー州東部やテキサス州北部に限ら
れており，社会階級にも関係する」とも述べている。

　Tillery and Bailey（2008: 123）によると，/aɪ/ → [ɑː] の変化
は 19 世紀の第 4 四半期に始まり，20 世紀半ばまでには南部全
域に広がった。アフリカ系アメリカ人話者よりも白人話者により
多く見られる。そして，ダラス，ヒューストン，アトランタのよ
うな南部の大都市の若者話者の間では，l と r の前以外では，単
母音化せずに二重母音として発話する話者が増えているという。

　このほかに南部英語に特徴的なのは歯茎鼻音 /n/，両唇鼻音
/m/ の前での KIT の母音と DRESS の母音の融合である。たと
えば，pin と pen，him と hem の母音が同じになる。

【子音の特徴】

　母音以外のアメリカ南部英語のわかりやすい発音特徴には，次
のようなものがある。

　　wh を [hw] と発音する。wine と whine は別の発音。
　　母音の後の r を発音しない（non-rhotic）。

　ただ，これらの特徴についても，Thomas（2008: 110）は，南

部農村地帯でも若い話者はほぼ全員 wh を南部に特徴的な [hw] ではなく [w] と発音することを指摘しており，Tillery and Bailey（2008: 125）は，白人南部英語話者の間では母音のあとの r を発音しない non-rhotic な発音は，アフリカ系アメリカ人話者の特徴と認識されているので，白人話者の間では r を発音する話者が多くなっていることを指摘する。

【プロソディの特徴】

　南部英語のプロソディの特徴としては，語強勢に関するものと，サザンドロールに関するものがあげられる。

　語強勢については，第 1 音節に第 1 強勢を置くのが南部英語の特徴である。たとえば，cement, police, hotel, pecan, July, December, Detroit, Monroe などがその例で（Thomas（2008: 93）），標準的なアメリカ英語の発音では第 2 音節に第 1 強勢がある。この語強勢の特徴について，Tillery and Bailey（2008: 122）は police, Detroit, pecan などの語で第一音節に語強勢を置く話者は，南部の若者の間ではまれになっていることも指摘する。

　サザンドロールについては次のように定義できる（Thomas（2008: 93））。

　　サザンドロールは，強勢のある母音や二重母音を長く伸ばすこと，母音の割れ（breaking，単母音の二重母音化）を含み，誇張された声調の上昇を含む。サザンドロールは南部白人話者に広くみられ，若い話者よりも，1960 年以前に生まれた話者の間で多く用いられている。

　以上本節では，南部英語の音声特徴について，母音，子音，プ

ロソディの面から述べてきた。次節では南部を描いた映画につい
て具体的に見ていこう。

9.3. オーセンティックな南部英語を用いている映画

9.3.1. 『歌え！ロレッタ　愛のために』

　Boberg（2021）は，北米で育った英語母語話者俳優が，自ら
が母語として習得した英語変種（地域方言）を，その地域出身の
登場人物という設定で演じているドラマ，映画を資料として，社
会音声学的に分析した。つまり，テキサスで育った俳優がテキサ
ス出身（またはもう少し広くアメリカ南部出身）の役を演じてい
るときに使っている英語を分析対象とした。

　Boberg（2021）がオーセンティックな南部英語を用いている
映画として例にあげているのが，『歌え！ロレッタ　愛のために』
である。

　『歌え！ロレッタ　愛のために』(*Coal Miner's Daughter*)
1980 年
あらすじ：ケンタッキー出身のカントリーミュージック歌
手ロレッタ・リン（Loretta Lynn）は炭鉱夫の家に 8 人きょ
うだいの第 2 子として生まれる。13 歳（本人談として 13 歳
であるが実際は 15 歳であったとも言われる）のときに結婚
し，6 人の子をもうけた。夫の売り込みによりロレッタはカ
ントリーミュージックの歌手としての道を歩み出す。原題の
Coal Miner's Daughter は 1971 年に発表されたアルバム名
および所収の曲名で，映画の原作となった彼女の自伝のタイ

トルでもある。

　主人公を演じたシシー・スペイセク（Sissy Spacek）と彼女の夫を演じたトミー・リー・ジョーンズ（Tommy Lee Jones）の台詞において，二重母音 /aɪ/ の単母音化 [ɑː] については，スペイセクは 87％，ジョーンズは 97％の確率で単母音化を行っている（Boberg（2021: 213））。その他の南部英語らしさを示す指標も高い数値を示しており，この映画は極めてオーセンティックな南部英語を使用していると言える。

　このように社会音声学的に南部英語がオーセンティックだとみなされている『歌え！ロレッタ　愛のために』であるが，映画公開時には南部英語が正確でないという批判もあった。テネシー出身でカントリーミュージックに造詣の深い記者ジャック・ハースト（Jack Hurst）による，「シシー［スペイセク］の演技を批判するのはあら探しする人のみである」（Only a nitpicker could fault Sissy's portrayal）という記事が一例である（*Casper Star Tribune*, April 5, 1980）。

　ここでハーストが指摘するのは，まさに二重母音の単母音化であった。南部英語について，二重母音の単母音化がよく知られているが，ロレッタ・リンの出身地域では異なるというのがハーストの主張である。下に引用する映画の (2) の場面において，Because they don't die. というロレッタ・リンの台詞の die の母音は「アパラチアのオーセンティックな発音では I の音に近く〔＝ダイに近く〕，地元出身でない記者が考えがちな dah ではない〔＝ダーではない〕」とハーストは述べた。

　(2)　Doolittle:　Loretta, this old mountain top is gonna be

covered in wildflowers in six weeks' time, what the hell are you doing bringing plastic ones up here?

Loretta: <u>Because they don't die.</u> The real ones just die. (1:02:19)

（ドゥーリトル： ロレッタ，この山頂付近は 6 週間もすれば野の花で覆われることになる。どうしてわざわざ造花を持ってきたんだ？

ロレッタ： <u>造花は枯れないから。</u>本物の花は枯れてしまうから。）

しかしながら，現在オンライン配信されている映画の音声を確認すると，この Because they don't die. の die はハーストのいうような長母音を用いた dah として発音されているわけではなく，二重母音として発音されている。最初の音が長母音のように長く伸ばされていて最後の音が軽く添えられているだけなので，映画館では聞き落されたのかもしれないが，この批判は妥当でないと思われる。

このほかに，ハーストは，映画の最後でロレッタ・リンが歌う *Coal Miner's Daughter* のなかでシシー・スペイセクが次の箇所で tired の母音を前の行の hard と韻を踏むような単母音 [ɑ:] の発音をしていないと指摘している。

(3) The work we done was <u>hard</u>

At night we'd sleep 'cause we were <u>tired</u> (1:59:58)

（仕事は大変だった

夜は疲れて寝てしまった）

こちらも今オンライン配信されている映画で確認する限りでは，韻を踏む長母音 [ɑː] で発音されている。現在確認できる映画音声が，当時公開された映画音声と別物でないならば，「あら探しをしなければシシーの演技は批判できない」という記者のあら探しは，実態を伴っていないと言わざるを得ない。

　もっとも，実際の音がどうであるかという次元とは別にここで指摘したいのは，映画のなかの南部英語のオーセンティシティを論評するときに，die の母音や，tired の母音のように母音の性質が取り上げられていることである。die の場合は二重母音の単母音化をしなくてよいのに過剰矯正している，tired の場合は三重母音を単母音化すべきなのにしていない，といった点が批判の対象として取り上げられている。母音の性質が南部英語の目立つ特徴として取り上げられることを示す例である。

9.3.2.　『ヘルプ　心がつなぐストーリー』

　Boberg（2021）がオーセンティックな南部英語が聞ける映画として挙げている他の作品を紹介する。

　まず，『歌え！ロレッタ　愛のために』の主演女優シシー・スペイセクが出ている映画として『ヘルプ　心がつなぐストーリー』（*Help*, 2011）がある。テイト・テイラー（Tate Taylor）監督・脚本によるこの映画は，1960 年代の公民権運動波及前夜のミシシッピ州ジャクソンを舞台にしている。「ヘルプ」と呼ばれる黒人メイドの実態を聞き取り調査して出版した白人女性スキーターが主人公であるが，スキーターの知人のなかでも特に差別的であるのがヒリーで，その母親をスペイセクが演じている。スペイセク以外のキャストには南部出身者は少なくオーセンティックな

キャスティングとは言えないが，スペイセク出演の比較的新しい
映画である。

　Boberg が挙げているわけではないが『歌え！ロレッタ　愛の
ために』でロレッタ・リンの夫役を好演したトミー・リー・
ジョーンズのその後の作品のなかで，保安官を演じた『ノー・カ
ントリー』（*No Country for Old Men*, 2007）は 1980 年のテキ
サス州西部を舞台としており，テキサス州出身のジョーンズに
とってはオーセンティックな南部英語を話している映画となる。

　Boberg（2021）が取り上げているオーセンティックな南部英
語の聞ける映画のなかには，テキサス州出身のマシュー・マコノ
ヒー（Matthew McConaughey）が主演する『ダラス・バイヤー
ズ・クラブ』（*Dallas Buyers Club*, 2013）がある。ダラスを舞
台にした，AIDS 患者が未承認の治療薬を売買する組織を作る実
話に基づくこの映画で，マコノヒーはアカデミー主演男優賞を受
賞した。

　なお，Boberg（2021）では言及されていないが，マコノヒー
が主演した出世作である『評決のとき』（*A Time to Kill*, 1996）
は，南部ミシシッピ州の架空の街クラントンを舞台とした，小説
家ジョン・グリシャム（John Grisham）原作の映画であり，オー
センティックな南部英語の映画と見なせる。このほかにも Bo-
berg（2021）が挙げる南部出身の俳優が南部出身者を演じている
映画は，オーセンティックな南部英語を聞ける英語といえるだろ
う。

9.4.　オーセンティックな南部英語を用いない映画

9.4.1.　『風と共に去りぬ』

　第 3 節ではオーセンティックな南部英語が用いられる，南部を舞台とした映画について考察したが，アメリカ南部を舞台にした映画だからといってアメリカ南部英語が用いられるというのは，自明なことではない。

　ハリウッド黄金期の映画としてよく知られる，南部を舞台にした映画に第 7 章でも扱った『風と共に去りぬ』(*Gone with a Wind*, 1939) がある。映画『風と共に去りぬ』の英語の特徴は大きく二点ある。第一に，主役を初めとする主要登場人物たちが，アメリカ南部英語を話していないということ，第二に，主要登場人物とそれ以外の登場人物(アフリカ系アメリカ人の奴隷たちや，社会階層の低い白人登場人物など) では，方言指導に関して異なる方針がとられていたという点である。

　まず第一点の，主要登場人物たちの英語について見てみよう。『風と共に去りぬ』は，南北戦争期のジョージア州アトランタを舞台としているが，主要登場人物 4 人を演じた俳優は誰もアメリカ南部の出身ではない。訛りということに関してはオーセンティックではないキャスティングがなされていた。主役のスカーレット・オハラを演じたのはイギリス人女優ヴィヴィアン・リー (Vivien Leigh) で，主要登場人物の一人であるアシュレー・ウィルクスを演じたのもイギリス人俳優レスリー・ハワード (Leslie Howard) であった。メラニーを演じたオリヴィア・デハヴィランド (Olivia de Havilland) はカリフォルニア育ちのイギリス人，レット・バトラーを演じたクラーク・ゲーブル (Clark Gable)

はアメリカ人であるが中西部のオハイオ州出身である。

　こうした主演俳優たちにはどの程度アメリカ南部英語を話すことが求められたのだろうか。『風と共に去りぬ』を見ると，主人公たちはアメリカ南部訛りを用いているわけではないが，イギリス英語を話しているわけでもなく，随所で母音を伸ばしながら独特の世界を作り出していることがわかる。

　『風と共に去りぬ』の南部方言指導を担当したスーザン・マイリック（Susan Myrick）は，映画製作中の 1939 年 1 月に家族へ宛てた手紙のなかで次のように書いている。なお，ここで言及されているジョージ・キューカーはこのときは監督であったが，その後，ヴィクター・フレミング（Victor Fleming）に交替することとなった。

(4)　I am thankful that George Cukor, director, is deter-mined to have no phoney Southern accents with "I" pronounced "Ah" and consonants dropped all over the place. We are merely trying to get Southern idioms in the play and to have people speak in good English with no accent of any sort—as any good actor does. We will eliminate western "R's" rolled all over the tongue and British staccato and New Jersey sound and so on. Of course, we'll have Belle Watling talk like a Georgia cracker and the Negroes talk like Negroes.

(Lindsley (2011))

（監督のジョージ・キューカーが，I（アイ）を Ah（アー）と発音し，あちこちで子音を落とすようなわざとらしい南部訛り

を使わないと決めたことに感謝しています。この映画では南
部の語法を用いるだけにして，登場人物にはいかなる訛りも
ないよい英語を話させることにしています——よい俳優なら皆
そうするように。「R」がいたるところに響いているような西
部の発音や，スタカートのようなイギリス英語，そしてニュー
ジャージー方言なども除去します。もちろん，ベル・ワトリ
ングはジョージア方言を話し，黒人は黒人のように話します。)

　マイリックが「I を Ah と発音し，あちこちで子音を落とすよ
うなわざとらしい南部訛り」と書いているのは，「I を Ah と発
音」する，つまり二重母音 /aɪ/ の単母音 [ɑː] 化が南部英語の発
音特徴として際立っていることを表している。その母音特徴を機
械的になぞっただけでは「わざとらしい（phoney）南部訛り」に
しかならないというのだ。I を Ah と発音する南部英語を主要俳
優に話させることはしないという方針がとられていたということ
である。

　本章第 2 節で取り上げたように，二重母音 /aɪ/ の単母音 [ɑː]
化は，19 世紀第 4 四半期から 20 世紀前半にアメリカ南部で広
く出現した現象である。『風と共に去りぬ』の映画製作時期であ
る 1939 年においては広く観察された変化であり，また，この映
画が舞台としている 1860 年代後半においても既に出現していた。
それにもかかわらず，この代表的な母音変化を「わざとらしい南
部英語」と断じたのは，やはり，主人公や主要人物は「いかなる
訛りもないよい英語」(good English with no accent of any
sort) を話すべきだと考えられていたからであろう。

　確かに映画の中ではスカーレットもアシュレーも，I を Ah の

ようには発音していない。またアメリカ英語よりもイントネーションの高低差が大きいためアメリカ英語話者の耳に「スタカートのよう」という印象を与えるイギリス英語の特徴も抑えて話している。マイリックは当初，友人である原作者マーガレット・ミッチェルに宛てた手紙（1939 年 1 月 20 日）のなかで，主要登場人物四人のうちの三人までがイギリス人俳優であることは腹立たしいと書いていたが，その後の方言指導の成果が映画には現れている（実際は，メラニーを演じたオリヴィア・デハヴィランドはカリフォルニア育ちである）。

　マイリックのいう「いかなる訛りもないよい英語は，「間大西洋アクセント」のように，この時期の映画に期待されていた英語であった（第 4 章参照）。実際にはそのような英語は存在し得ないのだが，概念として目指されていた。そこに幾らかの南部英語らしさを付け加えたのが『風と共に去りぬ』のイギリス人俳優たちの英語だと言えるだろう。

　『風と共に去りぬ』でアメリカ南部英語がどのように表現されているかは，公開後の新聞記事でもよく取り上げられた。好意的なものが多く，批判的な評価は好意的な評価のなかにおりまぜられている。

　ワールドプレミアについて翌日の新聞は「『風と共に去りぬ』が上映されたアトランタでは「雄叫び，涙，喝采が混ざり合った――南部の人々は情緒性と訛りに好意的」（*Stockton Evening and Sunday Record*, 1939 年 12 月 16 日）と報道した。「訛りについてここアトランタではなんの批判も聞かれない。［スカーレット役の］ミス・リーの台詞は南部の柔らかさが現れていると絶賛されている。［アシュレー役の］レスリー・ハワード以外は皆，難しい課

題をうまくこなした」と評した。

　ヴィヴィアン・リーの英語については「スカーレットそのもの
で，彼女の南部訛りについて，または南部訛りを使っていないこ
とについてなど，観客は考えもしない」(*The San Bernardino
County Sun*, 1940年2月23日) というコメントがあったが，これ
は批判に聞こえないように批判をうまく表現している。

　次に第二点の，主要登場人物とそれ以外のアフリカ系アメリカ
人や社会階層の低い白人登場人物とでは，方言指導が異なってい
た点について述べる。マイリックは製作会社の方言指導担当の
ウィル・プライス (Will Pryce) と連名で，プロデューサーのセ
ルズニックに，脚本で南部訛りを反映した綴りを使うことをやめ
るように頼んでいる。

(5)　… the Garrett script of January 16, 1939, included in-
　　　numerable attempts at written Southern accent for the
　　　white characters. … this is extremely dangerous as it
　　　prompts the actors immediately to attempt a phoney
　　　Southern accent comprised merely of dropping final
　　　"ings" and consonants. A phoney Southern accent is
　　　harder to eradicate than a British or western accent.
　　　… the script should be retyped with all attempts at
　　　written Southern accents taken out so that we may
　　　teach the accent from Standard English. This, of
　　　course, excepts characters like Belle Watling who are
　　　written in dialect in the novel and all negro characters
　　　as well.　　　　　　　　　　　　　　(Lindsley (2011: 209))

（1939年1月16日のギャレットの脚本では，白人の登場人物
の台詞にも南部訛りを綴りで表そうとしている箇所が数多く
みられます（略）これはとても危険なことです。というのも，
これを見ると俳優たちはすぐに，語末の ing や子音を発音し
ないだけのわざとらしい南部訛りを話そうとするからです。
怪しげな南部訛りを矯正するのは，イギリス訛りや西部訛り
よりも困難です。（略）脚本は，南部訛りを綴りで表そうとす
ることはやめて，標準英語表記を使って訛りを教えることが
できるように直してもらわなければなりません。もちろん，
原作小説で方言を使って書かれているベル・ワトリングのよ
うな登場人物や黒人の登場人物を除いてですが。）

原作となったミッチェルの小説では，主人公を初めとする白人の
登場人物の台詞は標準的な表記で書かれており，アフリカ系アメ
リカ人や，白人のなかでも社会階層の低い娼婦のベル・ワトリン
グのような登場人物には，視覚方言が使われており，マイリーは
脚本をこれに準じて記すように述べている。

　なお，ベル・ワトリングを演じたオナ・マンソン（Ona Mun-
son）は北西部オレゴン州出身の女優である。ワトリングの次の
台詞を見ると，二重否定（ain't never）を否定の意味で用いる，
主語の you に対して be 動詞に was を用いるなどの非標準的文
法要素が見られる。これは主人公や主要登場人物の白人話者の英
語には見られないものである。

(6)　Mrs Wilkes, there ain't never been a lady in this town,
　　　nice to me like you was.　I mean about the money for
　　　the hospital, you know.

　　　　　　　　　　　　　　　　　　　　　　　　(2:44:08)

（ウィルクスさん，この街にはあなたみたいに私に優しくして
くれた人は<u>いませんよ</u>。病院のお金のことですよ，おわかり
でしょう。）

ただしこの台詞においても，/aɪ/ を [ɑː] と発音しているわけでは
ない。この台詞においても I は二重母音として長く発音されて
いる。この部分は原作小説では次のように書かれており非標準的
な文法（ain't never や you was）が反映されている。

(7)　You see, I ain't forgot how nice you was to me durin'
　　the war, about the money for the hospital. There <u>ain't</u>
　　<u>never</u> been a lady in this town nice to me like <u>you</u>
　　<u>was</u> and I don't forget a kindness.　(Mitchell (2019: 835))
　　（あなたが戦争中，病院へのお金についてどれだけ親切だった
　　か忘れていませんよ，おわかりでしょう。この街で私に対し
　　てあなたほど親切だった女性は他には<u>いませんでした</u>し，私
　　は親切にしていただいたことは忘れないんです。）

小説では，ワトリングの台詞の中では Mrs を Miz と綴っており，
この語は映画での発音も [mɪz] となっている。脚本でも Miz と
綴られていたのではないだろうか。

9.4.2.　『アラバマ物語』

　時代と共に主役も役柄に合った地域方言を話すことが求められ
るようになったのか，ターニングポイントになった映画があるの
かを見極めることは難しい。たとえば 1962 年の『アラバマ物語』
(*To Kill a Mockingbird*) の，アラバマ州の小さな町で弁護士と

して働く主人公アティカス・フィンチを演じたグレゴリー・ペック（Gregory Peck）の南部英語は「中途半端で説得力がない」（halfhearted and unconvincing）と評される（Boberg（2021: 105））。娘のスカウトを演じたメアリー・バダム（Mary Badham）がアラバマ出身で，役に適した英語を話しているのと対照的である。

しかしながらグレゴリー・ペックはこのアティカス・フィンチ役でアカデミー賞主演男優賞を獲得しており，アティカス・フィンチは 2003 年の AFI「アメリカ映画　100 年のヒーローと悪役ベスト 100」のヒーローベスト 10 で一位を獲得している。少なくとも 1930 年代から 60 年代の映画においては発音のオーセンティシティが，映画の評価を決めるわけではないことを，『風と共に去りぬ』や『アラバマ物語』の成功は示している。

9.5.　オーセンティシティと「わざとらしさ」の間

本章第 1 節で取り上げた『フォレスト・ガンプ』で主人公を演じたトム・ハンクスは，フォレストの子供時代を演じたマイケル・コナー・ハンフリーズ（Michael Conner Humphreys）のミシシッピ訛りを真似たという。[1] カリフォルニア州出身のハンクスによる南部英語を用いた演技はオーセンティックとは言えないが，[2] フォレスト・ガンプの英語として，映画を見た人々に強い

---

[1] "Forrest Gump's Accent Explained (The Reason Is So Heartwarming!)" https://screenrant.com/forrest-gump-tom-hanks-accent-explained/

[2] たとえば，フォレスト・ガンプの台詞には女友達 Jenny の名を Jinny のように発音しているところと Jenny のように発音しているところがあり，南

印象を残した。ハンクスはこの他にも南部を舞台にした映画として
てルイジアナ州の刑務所を舞台とした『グリーンマイル』（*The
Green Mile*, 1999）やミシシッピ州を舞台とした『レディ・キ
ラーズ』（*The Ladykillers*, 2004），テキサス州選出の下院議員
を演じた『チャーリー・ウィルソンズ・ウォー』（*Charlie Wil-
son's War*, 2007）に主演している。『レディ・キラーズ』は衒学
的な文体を操る古典学教授とアフリカ系アメリカ人女性の二人の
南部英語の対比が興味深い（これについては本章のあとのコラムで紹
介する）。

　南部を舞台にした映画の登場人物は南部出身の俳優が演じると
いうのが，南部英語の再現という点に関しては望ましいオーセン
ティックなキャスティングと言えるだろうが，映画のキャスティ
ングには，訛りのオーセンティシティ以外の要素も関わってく
る。俳優の知名度，訛り以外の面での役柄への適性などである。
また，キャスティングのオーセンティシティに関しては，近年で
は，「非伝統的なキャスティング」（untraditional casting）つまり
配役において人種を考慮せずに行うキャスティングも重要な考慮
要素となってきている。[3]

　たとえば『それでも夜は明ける』（*12 Years a Slave*, 2013）で方
言指導を担当したマイケル・バスター（Michael Buster）へのイ
ンタビュー記事は示唆的である。

部英語の発音特徴のひとつである歯茎鼻音の前の [ɪ] と [e] の融合が一貫して
なされているわけではない。
　[3] Color-blind casting という呼び方もあるが，使用には異論がある。race-
reversed casting という言い方もある。

(8) "When they're really good, you can give them so many details, and they just snatch it up and incorporate it," he said. "When the actor doesn't quite have the ability, you just don't give them all those details." Instead, Buster will select a few key sound changes to convey the general feel. "That will give it the flavor of the dialect, so it'll still be in the ballpark," he said.[4]

（「［訛りの演技が］上手な俳優の場合は，細かい点をたくさん教えても，それを吸収して取り入れてくれる」と［バスター］は言った。「そうした力があまりない俳優の場合は，細かいところまでは伝えない」で，バスターは，鍵となる音変化を選んで全体的な感覚を伝えるという。「そうすることによってその方言らしさが伝わり，大筋では間違っていないことになる」とバスターは述べた。）

『それでも夜は明ける』は，奴隷解放前の 1840 年代のルイジアナ州を舞台としたイギリス・アメリカ合作映画で，第 86 回アカデミー賞作品賞，助演女優賞，作品賞を受賞した。キャスティングについては，白人プランテーションオーナーをドイツ人のマイケル・ファスベンダー（Michael Fassbender）が演じ，白人牧師をイギリス人のベネディクト・カンバーバッチ（Benedict Cumberbatch）が演じるなど，オーセンティックではないが，映画としては広く受け入れられる作品となった。

---

[4] "'12 Years a Slave' dialect coach Michael Buster speaks up" https://www.latimes.com/entertainment/envelope/cotown/la-et-ct-working-hollywood-dialect-coach-michael-buster-20130929-story.html

　方言指導のマイケル・バスターが述べたように,「その方言ら
しさが伝わり, 大筋では間違っていない」というのが, 映画とし
ての落としどころ, 妥協点であろう。「わざとらしさ」が感じら
れるようでは問題であろうが, 訛りにおけるオーセンティシティ
だけが求められているわけでもない。南部を舞台とした映画のみ
ならず, 方言を扱う映画は, オーセンティシティと「わざとらし
さ」の間の「その方言らしさ」(the flavor of the dialect) を求め
ていると言えよう。

コラム③

『レディ・キラーズ』における南部英語の衒学的文体

　トム・ハンクスの主演映画でアメリカ南部を舞台としたもののひ
とつに『レディ・キラーズ』がある。監督・脚本をイーサン・コーエ
ン, ジョエル・コーエンが務めたこの映画は, イギリスの犯罪コメ
ディ『マダムと泥棒』(*The Ladykillers*, 1955) のリメイクで, 舞台を
1950 年代のロンドンから, 2000 年代のミシシッピに移している。
　この映画のなかでハンクスが演じるのは, ミシシッピ大学で古典
学の教授と称してマンソン夫人の家に下宿しているが, 実はマンソ
ン夫人の家の地下室からトンネルを掘って近くのカジノに侵入する
計画を立てる強盗団を組織する犯罪者である。衒学的文体を使う「教
授」の南部英語と, アフリカ系アメリカ英語の文法特徴も兼ね備え,
平易な語彙を使うマンソン夫人の南部英語の対比が興味深い。
　引用するのは映画の冒頭近くでの場面である。

Mrs Munson:　Oh, he's up that tree again! You better <u>shimmy</u>
　　　　　　　<u>on up</u>.

Professor: Well, I do apologize, madam, but, won't the feline eventually tire of his lonely perch and pining for his master's affection, return on his own initiative? Eh, the point being, must we actually ascend the tree?

Mrs Munson: Look, I don't want no doubletalk. Now, if you not gon' fetch him, I guess I gotta call the police.

Professor: Police? (00:07:04)

（マンソン夫人：ああ，あの子はまた木に登ってしまった。あんた登ってちょうだい。

　教授：　その，申し訳ありませんが，奥様，お猫様は孤独な高みに飽きて，自らの意志でご主人の慈愛のもとに戻るのではないでしょうか？　あの，つまり，私共が実際のところ木に登る必要があるでしょうか？

　マンソン夫人：いいかい，わかりにくい言い方は嫌いなんだ。あんたがあの子を連れ戻してくれないなら，警察を呼ぶしかないね。

　教授：　警察ですって？）

　これは，教授が登場しマンソン夫人と初めて会う重要な場面である。古典学専門の教養ある人物として振る舞おうとしている教授の英語には，本来語以外のフランス語，ラテン語起源の文語的な語が使われており，マンソン夫人の台詞のなかの日常的な語彙と明確な対照を示している。

　たとえば，マンソン夫人は木に登ることを shimmy up on という，口語的表現を使って表しているが，教授は ascend という

ラテン語起源の語を使っている。猫のことを feline というのも，ラテン語の猫 feles が語源の単語で極めて衒学的である。この後の台詞ではマンソン夫人がピクルスと呼んでいるこの猫について，Harmless little Felix domesticus（無害の小さな家猫です）という。Felix はラテン語の猫 feles との連想から名付けられた黒猫キャラクターの名前であるが，教授の台詞では，Felix がラテン語であるかのように domesticus（家の）という後置修飾のラテン語形容詞を伴っている。

　この他に教授の衒学的な性格は，affection, initiative などのフォーマルな多音節語や，his lonely perch や his master's affection のような名詞句を中心とする文語的表現にも表れている。must we などもフォーマルな表現である。

　またマンソン夫人は，I don't want no doubletalk.（わかりにくい言い方は嫌いなんだ）のように，二重否定（don't と no）で否定の意味を表す，黒人英語に多い文法を用いているが，教授の英語は標準的な文法に従っている。

　語強勢の観点からは，マンソン夫人の police は第一音節 po に強勢がある。これは南部英語の第一音節に強勢を置く傾向があるという特徴を反映したものである。これに対して，教授の police は第二音節 li に語強勢がある。とはいうものの，教授の英語も point の二重母音が長母音化するなど，アメリカ南部英語の特徴を示す部分もあり，全般にサザンドロールと呼ばれる母音を長く伸ばす特徴が見られる。二人の英語を対照すると南部英語といっても文体の違いがあることが明確にわかる。

第 10 章　言語観，言語景観の変化
——『ウエスト・サイド・ストーリー』(2021)

10.1.　はじめに

　ハリウッドで製作される映画のなかには，英語以外の言語を用いたものが見られる。アメリカに移住した移民の母語として英語と併用されている場合も多く，映画のなかの言語切り替え（コードスイッチング）も見られる。多言語使用に関する言語態度が描かれることや，外国語（つまり英語以外の言語）が看板等に用いられる言語景観が映画の中に現れることもある。

　ハリウッド映画における多言語使用状況の変遷については，Bleichenbacher（2008）が 1983 年から 2004 年の間に公開された 28 本のハリウッド映画を分析して論じた。Bleichenbacher（2008: 219–220）は，外国語話者という設定の登場人物の台詞を英語で置き換える手法は減少傾向にあること，一方で外国語の台詞が増加傾向にあるとは結論づけられないことを指摘した。より長期間に渡る変化についてはさらに質的・量的調査が必要であるが，本章ではケーススタディとして 2021 年のミュージカル映

画『ウエスト・サイド・ストーリー』（以後 WSS21）を取り上げる。1961 年に作られた映画『ウエスト・サイド物語』（以後WSS61）と比較することで，多言語使用についての意識が異なる映画になっていることが明らかになる。WSS61 と WSS21 はいずれも，1957 年初演のブロードウェイの人気ミュージカル『ウエスト・サイド・ストーリー』の映画化作品である。WSS21 をWSS61 と比較すると，基本的な物語は同じだが，登場人物の設定や歌の順序や意味づけ，台詞に異なる部分がある。またWSS21 のほうが，登場人物たちの英語やスペイン語についての言語態度が明確に描かれている。

『ウエスト・サイド・ストーリー』（*West Side Story*）2021年

あらすじ： シェイクスピアの『ロミオとジュリエット』（*Romeo and Juliet*）を 1950 年代のニューヨークに移したミュージカル。ポーランド系，イタリア系アメリカ人などの貧しい白人青年グループ「ジェット団」と，急増するプエルトリコからの移民のグループ「シャーク団」の対立および，ジェット団の元リーダーのトニーとシャーク団のリーダーの妹マリアの悲恋を描く。

プエルトリコからの移民達の母語がスペイン語であるのはプエルトリコは 16 世紀以降スペインの植民地だったからである。1898 年にアメリカ領となり，1917 年には住民はアメリカ市民権を与えられ自由にアメリカに移住することができるようになる。1952 年の憲法により米国自治領プエルトリコ自由連合州となって，内政自治権を得た。1950 年代にプエルトリコからアメリカ

への移民が急増したのは，第二次世界大戦後に労働力が不足していた欧米諸国で起こった旧植民地から旧宗主国都市圏への大量人口移動の一例である。

　言語的にはスペインの植民地であった時期が長く，公教育がスペイン語で行われているため，住民の大半はスペイン語を母語として話すが，公用語はスペイン語と英語である。

10.2. スペイン語のある言語景観

　WSS21 冒頭では，ヨーロッパ系のジェット団がプエルトリコ系のシャーク団を侵入者であり，脅威であると感じていることが，スペイン語の看板が並ぶ言語景観を通じて描かれる。台詞はなく音楽とダンスが続く場面で，背景の看板にあるスペイン語は，スペイン語を話す住民の存在を示している。

　スペイン語の看板の例は，Restaurante（レストラン），Las Delicias（デリカテッセン），Supermercado（スーパーマーケット），Entrega gratuita（配達無料），Sastreria（仕立て），Farmacia（薬局），Barberia（理髪店）などである

　ジェット団の青年たちはスペイン語で Cocina Criolla（クレオール料理）と書かれた看板を外すと英語で Food Drink IRISH PUB（食べ物・飲み物　アイリッシュパブ）書かれた看板が現れる（0:05:15）。

　ジェット団が行きついた広場にはコンクリートの壁にプエルトリコの国旗とスペイン語の文字が並ぶ。ペドロ・アルビズ・カンボスはプエルトリコ独立時の英雄である。

(1)　La Patria es valor y sacrificio

　　　Pedro Albizu Campos　　　　　　　　　　　　(0:05:29)

　　　（祖国は勇気と犠牲　ペドロ・アルビズ・カンポス）

　この落書きをジェット団が黒ペンキで塗りつぶしているところに，シャーク団の青年たちが駆けつけて互いに 10 数人ずつの乱闘になる。

　WSS61 でも Se habla español（スペイン語話します）(0:10:17) のように看板の一部にスペイン語が現れることがあるが極めて少ない。WSS21 に比べて総じて看板が少なく，基本的に英語が用いられている。

10.3.　英語とスペイン語の併用

　ジェット団とシャーク団の最初の乱闘に警察官がやってきて仲裁する場面は，WSS21 の最初のまとまった台詞が交わされる場面である。ここで，この映画の言語使用状況が明らかになる。ベルナルドはシャーク団のリーダー，リフはジェット団のリーダーである。

(2)　Policeman:　And you lot. You are in New York now. You got a problem, you call the cops. Youse can't play at being cops yourselves.

　　　Bernardo:　Pero we call the cops, you show up and arrest us!　You're never around when these hijueputas mess up our stores and our streets.

Riff: See, I get confused when you say "our streets," seeing how these streets are ours by right of being born here, <u>amigo</u>.

Bernardo: The Jets! <u>Pero que crees que tu manda aqui</u> … Jefe!

Riff: How many times do I gotta tell you, Bernardo? I don't speak <u>Spic</u>. (0:07:57)

（警官： お前たち。お前たちはニューヨークにいるんだ。何か問題が起こったら，警察を呼べ。自分たちで警察代わりになっちゃいかん。

ベルナルド： <u>でも</u>，俺たちが警察を呼んだら，あんたたちやってきて俺たちを逮捕するだろう。この<u>うっとうしいやつら</u>が俺たちの店や通りをめちゃくちゃにするときには，いたためしがない。

リフ： いいか，お前が「俺たちの通り」というとわけがわからなくなるんだ。だってこの通りに権利があるのは俺たちだ，俺たちがここで生まれたんだよ，<u>アミーゴ</u>。

ベルナルド： ジェット団め！ <u>一体何を支配してるっていうんだ，ボス！</u>

リフ： 俺は<u>スペイン語</u>は話さないって何度言ったらわかるんだ，ベルナルド？）

シャーク団のベルナルドの英語の台詞には，pero（しかし）や，hijueputas（ろくでもない奴ら，罵り語）のようなスペイン語が入っ

ている。また英語の発音は母語話者的ではない。スペイン語のみ
の台詞もある。

　一方ジェット団のリフは，amigo（友よ）とふざけて簡単なス
ペイン語を使ったり，Spic（（侮蔑的に）スペイン語）のような，ス
ペイン語を侮蔑して呼ぶ英語を使ったりしている。

　WSS21 のなかでは，プエルトリコからの移民の間で話してい
る場面でスペイン語が多用される。たとえば，マリアと兄のベル
ナルド，兄の恋人アニータ，兄の友人チノが話している場面はス
ペイン語の台詞が多く，英語とスペイン語の間の言語切り替えも
頻繁である。こうした描き方により，彼らの会話の大部分がスペ
イン語であること，またはスペイン語と英語が頻繁に切り替わる
会話であることが示唆されている。

　WSS61 でも，同じような方法でスペイン語は用いられていた。
ただ WSS21 は，スペイン語の台詞に英語字幕がつかない部分が
多いことが特徴的であった。

10.4.　言語態度の描き方

10.4.1.　「英語で話せ」という圧力

　WSS21 ではスペイン語の台詞に対して「英語で話せ」という
意味の台詞が続くことが多く，この点が WSS61 と異なる。例え
ば，ジェット団とシャーク団の冒頭の乱闘を仲裁した警察官が，
スペイン語で話すシャーク団に対して "In English!" と叫ぶ場面
がある（0:09:01）。この警察官は映画後半でマリアを取り調べる
場面でも英語ができないふりするマリアに "In English!" を繰り
返している（02:10:20）。ダンスパーティの主催者も学校主催の

パーティなのだから英語を使うように言う (0:33:44)。

　ジェット団のシャーク団への敵意は「英語を話せ」という台詞に端的に表れる (08:26)。アニータが飲食店を営むプエルトリコ出身の女性バレンティーノにスペイン語で呼びかけた後，店に居合わせたジェット団が，"No Spanish. Not with us, not today." と言って，アニータに襲い掛かる場面もある (2:14:30)。一方WSS61では「（スペイン語ではなく）英語を話せ」という台詞は出てこない。

10.4.2. 「英語を話そう」という意識

　WSS21においては，スペイン語でなく英語を話そうという呼びかけは，プエルトリコ移民の間からも出る。これはWSS61にはない特徴である。英語を話そうという同調意識を強く内面化し，同朋の移民たちに呼びかける台詞が多いのが，アニータである。アニータと彼女の恋人のベルナルド，彼の妹マリアの三人の会話ではスペイン語でなされる部分が多いが，アニータが英語を話そうと呼びかける。たとえば次の場面である。

(3)　Maria:　　Don't fight with the Jets. ¡Mami estaría avergonzada!

　　　Bernardo:　I want you to be happy. Te quiero mucho, y tengo que prote

　　　Anita:　　Here, dead man, eat your eggs. <u>And every one, speak English.</u>　(1:00:55)

　（マリア：　　ジェット団と争わないで。お母さんが恥ずかしく思うわ。

　　ベルナルド：お前に幸せになって欲しいんだ。お前をとても

　　　　　　　　愛しているし，お前を守ってやらないと。

　　アニータ：　さあ，死にたい男，卵を食べて。それからみん

　　　　　　　　な，英語を話して。）

　この他にも，英語を話すようにと呼びかける台詞のあるアニータ
であるが，恋人ベルナルドが敵対するジェット団に殺されてしま
う。その後の，「私はアメリカ人ではない，プエルトリコ人だ」
(Yo no soy americana. Yo soy puertorriqueña.) というアニータ
の叫びはスペイン語である（02:16:35）。アメリカは素晴らしいと
いう歌を高らかに歌い上げていたアニータが（01:03:46），恋人の
死により絶望した様子がスペイン語で描かれる。

10.5.　聞き手への好意を示す言語選択

　WSS21 においてトニーはマリアに自分の好意を伝えるための
スペイン語をアメリカの白人男性と結婚したプエルトリコ出身の
女性バレンティーノに教わる（01:08:42）。彼の拙いスペイン語で
の求愛（01:22:21）を聞いてマリアは笑いだすが，トニーの思いに
応えて結婚式での誓いの言葉をスペイン語で始める。彼女のスペ
イン語が分からず咄嗟に笑ったトニーだが，マリアの意図を理解
し自分は英語で「私，トニーは」と誓いの言葉を述べる。スペイ
ン語およびその和訳部分に下線を引いている。

　(4)　Tony:　Quiero estar contigo para siempre.　Don't

　　　　　　　laugh.　It means I want to be—

　　　　Maria:　I know what it means.　Yo Maria, te recibo a

ti, Anton.

Tony: I don't know what that … Oh. Oh, that's—

Maria: Don't laugh.

Tony: I, Tony, I Anton, take you, Maria, rich or poor

Maria: I'm poor.

Tony: I'm poorer.

Maria: En la prosperidad y en la adversidad. Para amarte y respetarte. To love you and respect you.

Tony: Siempre.   (1:22:11)

（トニー： ずっと一緒にいたい。笑わないで。この意味は──

　マリア： 意味は分かっているわ。私，マリアはあなたを受け入れます，アントン。

　トニー： 何を言っているのか──。ああ，ああ，それは

　マリア： 笑わないで。

　トニー： 私，トニーは。私，アントンは富めるときも貧しきときも

　マリア： 私は貧しい

　トニー： 僕はもっと貧しいよ

　マリア： 良いときも悪いときも，愛し，敬い。あなたを愛し，敬い──

　トニー： いつも。）

トニーは他のプエルトリコ人から学んだスペイン語の求愛の言葉をマリアに伝える。その思いを受け止めたマリアは，スペイン語

で結婚を承諾する言葉を伝える。トニーはマリアのスペイン語が
わからないと戸惑うが, 彼女の意味するところを察して英語で応
えるのである。マリアとトニーの間の求愛の対話はスペイン語と
英語のあいだ頻繁に行き来する。

　WSS61 でも英語の台詞のなかにスペイン語の単語や挨拶を入
れて好意を示す場面はあるが, 結婚の誓いは英語のみである
(01:32:28)。

(5)　Tony:　　I, Anton, take thee, Maria

　　　Maria:　I, Maria, take thee, Anton

　　　Tony:　　For richer, for poorer

　　　Maria:　In sickness and in health

　　　Tony:　　To love and to honor

　　　Maria:　To hold and to keep

　　　Tony:　　From each sun to each moon

　　　Maria:　From tomorrow to tomorrow

　　　Tony:　　From now to forever

　　　Maria:　Till death do us apart　　　　　　　(01:32:28)

　　(トニー：私, アントンは, マリアを妻とし

　　　マリア：私, マリアはアントンを夫とし

　　　トニー：富めるときも貧しきときも

　　　マリア：病めるときも健やかなるときも

　　　トニー：愛し, 敬い

　　　マリア：支え受け止め

　　　トニー：昼も夜も

　　　マリア：明日もその次の日も

　　　トニー：　今から永遠に

　　　マリア：　死が二人を分かつまで)

　WSS21 と WSS61 を比較すると，WSS のほうが多言語社会
を反映していて，より今日的な言語観を示しているように思え
る。ただ，異なる言語を話す人に求愛するのにその人の話す言葉
を使って愛情を示すことは，新しい演出ではない。WSS21 およ
び WSS61 の元であるミュージカル『ウエスト・サイド・ストー
リー』は，シェイクスピアの『ロミオとジュリエット』を 1950
年代のニューヨークを舞台に翻案したミュージカルであるが，
シェイクスピア自身が，外国語を求愛場面に使っている。イタリ
ア，ヴェローナの街を舞台にした『ロミオとジュリエット』では
なく，史劇『ヘンリー五世』(Henry V, 1599) においてである。
ハリウッド映画ではなくイギリス映画であるが，この戯曲の映画
化作品であるローレンス・オリヴィエ (Laurence Olivier) 監督
主演の『ヘンリィ五世』(1944) やケネス・ブラナー (Kenneth
Branagh) 監督主演の『ヘンリー五世』(1989) でも，イングラン
ド王ヘンリー 5 世がフランス王女へ求愛するために拙いフラン
ス語を使う場面がある。苦手な外国語ではあるが相手の母語を
使って求愛するということで，聞き手の好意を得ようとする振る
舞いは，スピーチ・アコモデーションの一つともいえる一般的な
行為ともいえるだろう。

　WSS21 と WSS61 の最後の場面でも，スペイン語使用の違い
がみられる。

(6)　Maria:　　Te adoro, Anton.　No, don't touch him.

　　　Braulio:　Maria, ya es tiempo.　Vente con nosotros.

(WSS21 02:25:13)

（マリア：　　愛しているわ，アントン。彼に触らないで。

ブラウリオ：マリア，もう時間だ。一緒に行こう。）

(7)　Maria:　Don't you touch him. <u>Te adoro, Anton.</u>

(WSS61 02:25:12)

（マリア：彼に触らないで。<u>愛しているわ，アントン。</u>）

(6) は WSS21 の，(7) は WSS61 の最後の台詞で，いずれもトニー（アントン）に別れを告げ，亡骸が運ばれていくのを見送る場面である。WSS61 では，英語でのやりとりがずっと続いた後で，最後のマリアの「愛しているわ，アントン」だけが唐突にスペイン語で語られる。マリアが母語を使って心情を吐露する台詞が，移民集団の対立とそこに生じた悲劇を描いた映画の最後を象徴的に締めくくっている。

　一方，WSS21 ではマリアがスペイン語で「愛しているわ，アントン」と述べたあと，トニーの遺体を運びだそうとする人々を英語で制する。そして親しい友人のブラウリオがマリアをいたわるようにスペイン語で語りかける台詞が映画の最後の台詞となっている。ここではスペイン語がマリアの心情を吐露する機能だけでなく，マリアの周りにいるスペイン語母語話者集団，プエルトリコ移民の共同体の存在を示唆する機能も担っている。

　本章では WSS21 におけるスペイン語使用状況の分析，特に WSS61 との比較を通じて，ハリウッド映画における多言語使用状況の変化について考察した。そして，外国語（英語以外の言語）が言語景観に現れるようになっていることや，英語使用，外国語使用に関する意識も描かれるようになっていること，また外国語

使用が担う機能も多様化していることを指摘した。ハリウッド映画の多言語使用状況については Bleichenbacher（2008）などの先行研究とこうしたケーススタディを組み合わせることで，さらに明らかになるであろう。

あ と が き

　本書を最初に構想した時には「ハリウッド映画の英語史」という書名を考えていた。映画に音声が同期するようになってからまだ 100 年弱であり，「英語史」と呼べるだけの英語の変化を見つけ，記すことは無理だということは頭ではわかっていたが，ハリウッド映画の歴史のなかで使われている英語がどのように変わってきたかを描きたいという思いがあった。

　通底する主題を意識しながら原稿を書いたが，最終的にまとまったものとしては，トーキー登場およびそのあとの映画の英語の模索に重点を置いた構成となった。トーキーの登場は映画にとって大きな技術的インパクトを持ち，それが映画の英語に与えた影響を考察したことは意義があると考えている。

　一方で，20 世紀後半から 21 世紀にかけてのケーブルテレビ，衛星放送，インターネットによる動画配信などが映画の英語に与えた影響については触れられていない。機会があれば改めて考えたい。

　本書は以下の科研費研究課題の成果の一部である。「アメリカ英語の普及と英語の多様性の認識に 20 世紀映像メディアが与えた影響」（基盤研究（c），2019-2023，研究課題番号 19K00688），「英語をめぐる言語態度の東アジア比較研究——映像メディア分析と教育的活用」基盤研究（c），2016-18，研究課題番号 16K02885）。

　また，本書の各章・コラムの一部は既発表の拙論に大幅に加筆

修正を行った。第 3 章は山口（2023c），第 4 章は山口（2019），第 5 章は山口（2017b），第 6 章は山口（2016b），第 6 章末のコラム①は山口（2018a），第 7 章は山口（2020b），第 8 章は山口（2021），第 8 章末のコラム②は山口（2020a），第 9 章および第 9 章末のコラム③は山口（2023a），第 10 章は山口（2022）を基にしている。転載を許可していただいたことにお礼を申し上げたい。

　本書執筆の過程で，私の授業を受講して様々な意見を交わしてくれた学生，院生の方々，例会や論集での研究発表の場を与えてくれた現代英語談話会の方々，コロナ禍の大学での教育・研究・校務を可能にしてくれた京都府立大学の教職員の方々に感謝申し上げたい。

　そして本企画を開拓社言語・文化叢書の一冊として認め，編集の労をお取りくださった開拓社の川田賢氏にお礼を申し上げたい。

　2024 年 2 月

山口美知代

参　考　文　献

Algeo, John, ed. (2001) *The Cambridge History of the English Language Volume VI English in North America*, Cambridge University Press, Cambridge.

Algeo, John (2001) "External History," in Algeo, ed. (2001), 1–58.

Altman, Rick, ed. (1992) *Sound Theory, Sound Practice*, Routledge, New York.

Bailey, Richard W. (2001) "American English Abroad," in Algeo, ed. (2001), 471–496.

Behlmer, Rudy, ed. (2000) *Memo from David O. Selznick,* The Modern Library, New York.

Berg, Scott (1989) *Goldwin: A Biography*. ［吉田利子（訳）（1990）『虹を摑んだ男　サミュエル・ゴールドウィン』（上）（下）文藝春秋，東京.］

Bleichenbacher, Lukas (2008) *Multilingualism in the Movies: Hollywood Characters and Their Language Choices*, Francke Verlag, Tübingen.

Boberg, Charles (2021) *Accent in North American Film and Television: A Sociophonetic Analysis*, Cambridge University Press, Cambridge.

Bragg, Melvin (2003) *The Adventure of English,* Hodder & Stoughton Ltd, London. ［三川基好（訳）（2004）『英語の冒険』アーティストハウス，東京.］

Cassidy, Frederic G. and Joan Houston Hall (2001) "Americanisms," in Algeo, ed. (2001), 184–218.

Crafton, Donald (1999) *The Talkies: American Cinema's Transition to Sound 1926-1931*, University of California Press, Berkeley.

Crystal, Ben and David Crystal (2014) *You Say Potato: The Story of English Accents*, Macmillan Publishers, London.

Crystal, David, ed. (2018[2]) *Encyclopedia of the English Language*,

180

Cambridge University Press, Cambridge.

Decherney, Peter (2016) *Hollywood: A Very Short Introduction*, Oxford University Press, Oxford.

Doherty, Thomas (1999) *Pre-Code Hollywood: Sex, Immorality, and Insurrection in American Cinema 1930-1934*, Columbia University Press, New York.

Doherty, Thomas (2007) *Hollywood's Censor: Joseph I. Breen & The Production Code Administration*, Columbia University Press, New York.

Fisher, John Hurt (2001) "British and American, Continuity and Divergence," in Algeo, ed. (2001), 59-85.

Foster, Brian (1955) "Recent American Influence on Standard English," *Anglia* 73, 328-360.

Foster, Brian (1968) *The Changing English Language*, Palgrave Macmillan, London. [吉田弘重 (訳) (1973)『変容する英語』研究社, 東京.]

Gomery, Douglas (2005) *The Coming of Sound*, Routledge, London and New York.

平賀正子 (2016)『ベーシック新しい英語学概論』ひつじ書房, 東京.

Hitchings, Henry (2011) *The Language Wars: A History of Proper English*, John Murray, London. [田中京子 (訳) (2014)『英語化する世界, 世界化する英語』みすず書房, 東京.]

Hobbs, R. L. (1986) *Teach Yourself Transatlantic: Theatre Speech for Actors,* Mayfield Publishing Company, California City.

生井英孝 (2013)「醒めながら見る悪夢 70年代ヴェトナム戦争映画私誌」『70年代アメリカ映画100』, 渡辺幻 (編), 225-230, 芸術新聞社, 東京.

板倉史明 (2016)『映画と移民——在米日系移民の映画受容とアイデンティティ』新曜社, 東京.

岩本憲児 (2007)『サイレントからトーキーへ』森話社, 東京.

鎌田絢也 (2011)「プラトーン」『80年代アメリカ映画100』渡辺幻 (編), 216-217, 芸術新聞社, 東京.

川端朋広 (2018)「第9章 現代英語とグローバル化」『英語教師のための英語史』, 片見彰夫・川端朋広・山本史歩子 (編), 210-235, 開

　　拓社，東京.

加藤幹朗（2006）『映画館と観客の文化史』中央公論社，東京.

川本三郎（2013）「ヴェトナム戦争後の故郷への回帰」『70年代アメリカ
　　映画100』，渡辺幻（編），117-122，芸術新聞社，東京.

紀平英作・亀井俊介（編）（1998）『アメリカ合衆国の膨張　世界の歴史
　　23』中央公論社，東京.

北田理恵（1997）「サイレントからトーキー移行期における映画の字幕と
　　吹き替えの諸問題」『映像学』59号，41-56.

北野圭介（2017）『新版ハリウッド100年史――夢の工場から夢の王国へ』
　　平凡社，東京.

Knight, Dudley（2000）"Standard Speech: The Ongoing Debate," S*tan-
　　dard Speech and Other Contemporary Issues in Professional Voice
　　and Speech Training*, ed. by Rocco Dal Vera, 31-54, Voice and
　　Speech Trainers Association, Cincinnati.

Kovic, R（2019）*Born on the Fourth of July*, The Canons, Edinburgh.

Kozloff, Sarah（2000）*Overhearing Film Dialogue*, University of Cali-
　　fornia Press, Berkely.

Lambert, Gavin（1973）*On Cukor*, W. H. Allen, London and New
　　York.［宮本高晴（訳）（2016）『ジョージ・キューカー，映画を語る』
　　国書刊行会，東京.］

Leff, Leonard J. and Jerold L. Simmons（1990）*The Dame in the Ki-
　　mono: Hollywood, Censorship, and the Production Code from the
　　1920s to the 1960s*, Grove Weidenfeld, New York.

Lewis, Jon（2000）*Hollywood v. Hard Core: How the Struggle Over
　　Censorship Saved the Modern Film Industry*, New York University
　　Press, New York.

Lindsey, Geoff（2019）*English after RP: Standard British Pronuncia-
　　tion Today*, Palgrave Macmillan, London.

Lindsley, Susan（2011）*Susan Myrick of Gone with the Wind: An Auto-
　　biographical Biography*, Thomas Max Publishing, Atlanta.

Lippi-Green, Rosina（2012[2]）*English with an Accent: Language, Ideol-
　　ogy, and Discrimination in the United States*, Routledge, London
　　and New York.

Mast, Gerald, ed.（1982）*The Movies in Our Midst: Documents in the*

182

Cultural History of Film in America, University of Chicago Press, Chicago.

松川俊夫（2010）「英国及び米国に於ける映画規制の倫理」『メディアの哲学の構築　研究成果報告書』file:///C:/Users/Yanagi/Downloads/kaken-19520007-00530057.pdf

Meier, Peter（2010）*Accents & Dialects for Stage & Screen*, Paul Meier Dialect Services, Jacksonville.

Mitchell, Margaret（2019）*Gone with the Wind*, Vintage Classics, London.

Mugglestone, Lynda（1995）*'Talking Proper': The Rise of Accent as Social Symbol*, Clarendon Press, Oxford.

Patridge, Eric and John W. Clark（1968, c1951）*British and American English Since 1900*, Greenwood Press, New York.

Queen, Robin（2015）*Vox Popular: The Surprising Life of Language in the Media,* Wiley Blackwell, Chichester.

Robertson, James C.（1989）*The Hidden Cinema: British Film Censorship in Action, 1913-1975*, Routledge, London.

Rollins, Peter C., ed.（2003）*The Columbia Companion to American History on Film: How the Movies Have Portrayed the American Past*, Columbia University Press, New York.［木村建哉・小河原あや（訳）（2015）『ヒッチコック』インスクリプト，東京.］

サドゥール，ジョルジュ（著），丸尾定・村山匡一郎・出口丈人・小松弘（訳）（1997）『無声映画芸術の開花　アメリカ映画の世界制覇 [1] 1914-1920』世界映画全史7，国書刊行会，東京.

サドゥール，ジョルジュ，丸尾定（訳）（1999）『無声映画芸術の成熟　ハリウッドの確立　1919-1929』世界映画全史11，国書刊行会，東京.

サドゥール，ジョルジュ，丸尾定・出口丈人・小松弘（訳）（2000）『無声映画芸術の成熟　トーキーのあし音　1919-1929』世界映画全史12，国書刊行会，東京.

Schatz, Thomas（2015）*The Genius of the System: Hollywood Filmmaking in the Studio Era*, University of Minnesota Press, Minneapolis.

Shildgen, Rachel A.（2010）*More than a Dream: Rediscovering the*

Life and Films of Vilma Banky, 1921 PVG Publishing, Hollywood.

杉野健太郎（編）(2015)『映画とイデオロギー』ミネルヴァ書房，京都.

杉山匡一郎（編）(2013)『映画史を学ぶクリティカル・ワーズ』フィルムアート社，東京.

Svartvik, Jan and Geoffrey Leech (2016[2]) *English—One Tongue, Many Voices*, Palgrave Macmillan, London.

寺澤盾 (2008)『英語の歴史——過去から未来への物語』中央公論社，東京.

塚田幸光 (2004)「カウボーイ戦域／劇場（シアター）——ニューシネマ／ヴェトナム／ジェンダー・トラブル」*Rikkyo American Studies*, 立教大学アメリカ研究所（編），第26号，76-109.

Thomas, Erik R. (2008) "Rural Southern White Accents," *Varieties of English: The Americas and the Caribbean*, ed. by Edgar W. Schneider, 87-114, Mouton de Gruyter, Berlin.

Thompson, Kristin (1985) *Exporting Entertainment: America in the World Film Market 1907-34*, BFI Publishing, London.

Tillery, Jan and Guy Bailey (2008) "The Urban South: Phonology," *Varieties of English: The Americas and the Caribbean*, ed. by Edgar W. Schneider, 115-128, Mouton de Gruyter, Berlin.

Tucker, Gilbert M. (1921) *American English*, Alfred A. Knopf, New York.

上島春彦 (2014)「プロダクション・コードの消滅」『60年代アメリカ映画100』，渡辺幻・石澤治信（編），247-252，芸術新聞社，東京.

Vasey, Ruth (1997) *The World According to Hollywood 1918-1939*, The University of Wisconsin Press, Madison.

Vera, Rocco Dal, ed. (2000) *Standard Speech and Other Contemporary Issues in Professional Voice and Speech Training*, Voice and Speech Trainers Association, Cincinnati.

Wells, John (2008) *Longman Pronunciation Dictionary* (3rd ed.), Pearson Education Limited, Harlow.

Witherspoon, John (1781) "The Druid," nos. 5-7. *Pennsylvania Journal, or, Weekly Advertiser* (Philadelphia, May 9, 16, 23, 30). [Reprint in Mitford M. Mathews, ed. (1931) *The Beginnings of American English: Essays and Comments*, 13-30, University of Chicago

184

Press, Chicago.]

Wollen, Peter (2012[2]) *Singin' in the Rain*, Palgrave MacMillan, London.

山口美知代（編）（2013）『世界の英語を映画で学ぶ』松柏社，東京.

山口美知代（編）（2016a）『世界諸英語に関する理解を深めるための映画
英語教育　平成 27（2015）年度科研費研究課題研究成果報告書』

山口美知代（2016b）「トーキーの英語とイギリスの反応——1920 年代末
のハリウッド映画をめぐって」『京都府立大学学術報告・人文』第
68 号，1-17.

山口美知代（2017a）「第 11 章　映画で学ぶ会話のスタイル」『英語のス
タイル——教えるための文体論入門』，豊田昌倫・堀正広・今林修
（編），127-137，研究社，東京.

山口美知代（2017b）「トーキーの登場と外国訛りの英語」『京都府立大学
学術報告・人文』第 69 号，43-66.

山口美知代（2018a）「サンドイッチの注文ができないとき」『オーレック
ス英和辞典・和英辞典サイト OLEX ブログ英語のオシゴトと私』第
3 回.

山口美知代（2018b）「中国語話者の英語に対する言語態度——日本語専
攻大学院生の事例——」『京都府立大学学術報告・人文』第 70 号，
59-71.

山口美知代（2019）「アメリカ映画と間大西洋アクセント」『英語のエッ
センス』，現代英語談話会（編），3-13，大阪教育図書，大阪.

山口美知代（2020a）「アメリカ映画のなかのスシ」『視る』京都国立近代
美術館ニュース，509 号，6.

山口美知代（2020b）「プロダクション・コードと映画の英語——『風と共
に去りぬ』の *damn*」『京都府立大学学術報告・人文』第 72 号，
141-151.

山口美知代（2021）「タブー語と映画の英語——『7 月 4 日に生まれて』
を中心に——」『現代英語談話会論集』第 16 号，11-24.

山口美知代（2022）「『ウエスト・サイド・ストーリー』（2021）の言語」
『現代英語談話会論集』第 17 号，59-62.

山口美知代（2023a）「アメリカ南部を描いた映画の英語——オーセンティ
シティと「わざとらしさ」の間」『現代英語談話会論集』第 18 号，
29-46.

山口美知代（2023b）「第7章　カリブ海の英語」『World Englishes 入門
　　──グローバルな英語世界への招待』，大石晴美（編），97-110，昭
　　和堂，京都.
山口美知代（2023c）「1930 年代のギャング映画の英語」『京都府立大学
　　学術報告・人文』第 75 号，1-8.
吉村いづみ（2013）「イギリス映画の統制──映画法（1909 年）の背景と，
　　関連する様々な規制・法令について」『名古屋文化短期大学研究紀
　　要』第 38 集，1-9.

映　画

All About Eve『イヴの総て』1950 年
All Quiet on the Western Front『西部戦線異状なし』1930 年
Big Hero 6『ベイマックス』2014 年
Bombshell『スキャンダル』2019 年
Born on the Fourth of July『7 月 4 日に生まれて』1989 年
Coal Miner's Daughter『歌え！ロレッタ　愛のために』1980 年
East Side Sushi『イーストサイド・寿司』2014 年
English Vinglish『マダム・イン・ニューヨーク』2012 年
Forrest Gump『フォレスト・ガンプ　一期一会』1994 年
Gone with the Wind『風と共に去りぬ』1939 年
Grand Hotel『グランド・ホテル』1932 年
Green Book『グリーンブック』2018 年
The Help『ヘルプ　～心がつなぐストーリー～』2011 年
The Jazz Singer『ジャズ・シンガー』1927 年
Jumping the Broom『ジャンピング・ザ・ブルーム～恋と嵐と結婚式～』
　　2011 年
To Kill a Mockingbird『アラバマ物語』1962 年
The Ladykillers『レディ・キラーズ』2004 年
The Public Enemy『民衆の敵』1931 年
Scarfacre『暗黒街の顔役』1932 年
Singin' in the Rain『雨に唄えば』1952 年
Roman Holiday『ローマの休日』1957 年
Wall Street『ウォール街』1987 年

West Side Story『ウエスト・サイド・ストーリー』2021 年
West Side Story『ウエスト・サイド物語』1961 年

索　引

1.　事項・人名，映画作品に分け，日本語はあいうえお順，英語は
　　ABC 順に並べた。
2.　数字はページ数を表す。

事項・人名

［あ行］

188

山口 美知代（やまぐち　みちよ）

　京都府立大学教授。京都大学博士（文学）。ケンブリッジ大学修士（言語学）。
　主要業績：『英語の改良を夢みたイギリス人たち──綴り字改革運動史1834-1975』（開拓社，2009），『世界の英語を映画で学ぶ』（編著，松柏社，2013），『World Englishes 入門──グローバルな英語世界への招待』（共著，昭和堂，2023），『カリブ海の旧イギリス領を知るための60章』（共著，明石書店，2023），『英語のエッセンス』（共著，大阪教育図書，2019），『英語のスタイル──教えるための文体論入門』（共著，研究社，2017），『識字と読書──リテラシーの比較社会史』（共著，昭和堂，2010），『『サウンド・オブ・ミュージック』で学ぶ欧米文化』（共著，世界思想社，2010），『メアリー・ポピンズのイギリス──映画で学ぶ言語と文化』（共著，世界思想社，2008），『旅ともてなしの文化論』（共著，春風社，2008），『世界の公用語事典』（項目執筆，丸善出版，2022），『世界の文字事典』（項目執筆，丸善出版，2015），『バーナード・ショー戯曲集（上）──フェミニズムの地平』（共訳，春風社，2024），『英語文体論辞典』（共訳，三省堂，2000）。

ハリウッド映画と英語の変化　　　＜開拓社　言語・文化選書102＞

2024年3月31日　　第1版第1刷発行

著作者　　　山口美知代
発行者　　　武村哲司
印刷所　　　日之出印刷株式会社

　　　　　　　　　　　　　　　〒112-0013 東京都文京区音羽1-22-16
　　　　　　　　　　　　　　　電話　（03）5395-7101（代表）
発行所　　　株式会社　開拓社　振替　00160-8-39587
　　　　　　　　　　　　　　　https://www.kaitakusha.co.jp